이화 한국어

참고서

STUDY GUIDE

이화여자대학교 언어교육원
Ewha Womans University
Ewha Language Center

이화 한국어 참고서

장세영 · 장채린 · 서효원 지음

English Version

1-2

EPRESS

이화 한국어 참고서 1-2 (English Version)

지은이 장세영 · 장채린 · 서효원

펴낸날 1판 1쇄 2015년 7월 30일
2쇄 2019년 6월 17일
펴낸이 김헌민 **펴낸곳** 이화여자대학교출판문화원
주소 서울특별시 서대문구 이화여대길 52(우 03760) 등록 1954년 7월 6일 제9-61호
전화 02) 3277-2965(편집), 02) 362-6076(마케팅)
팩스 02) 312-4312 **전자우편** press@ewha.ac.kr **홈페이지** www.ewhapress.com

번역 박경희 **감수** 최혜원
책임편집 이혜지 **디자인** 김리영 **인쇄** 한영문화사

ISBN 979-11-85909-34-9 18710
978-89-7300-875-9 (세트)
값 10,000원

* 잘못된 책은 구입처에서 바꾸어 드립니다.

* 이 도서의 국립중앙도서관 출판시도서목록(CIP)은 서지정보유통지원시스템 홈페이지(http://seoji.nl.go.kr)와 국가자료공동목록시스템 (http://www.nl.go.kr/kolisnet)에서 이용하실 수 있습니다.(CIP제어번호: CIP2015017296)

» Contents

Table of Contents

G Grammar P Pronunciation V&E Vocabulary & Expression FE Functional Expression D Dialogue S Script T Text Tell Tell me!

Contents

How to Use This Book

『이화 한국어 참고서 1–1』 and 『이화 한국어 참고서 1–2』 are study guides for Korean-language learners, accompanying the textbooks 『이화 한국어 1–1』 and 『이화 한국어 1–2』. These study guides contain detailed explanations of the grammar, vocabulary and expressions used in the 준비합시다(Preparation), 말해 봅시다(Speaking), 들어 봅시다(Listening), and 읽고 써 봅시다(Reading & Writing) sections of each unit. Additionally, the dialogues for 말해 봅시다, the scripts for 들어 봅시다, and the texts for 읽고 써 봅시다 have all been translated into English.

준비합시다

Grammar Focus

Grammar points are clearly explained with morphological information in the table below, helping students to understand the usage of grammatical structures and various irregular forms. Adjectives are marked as A, verbs V, and nouns N. In addition, various examples are given to demonstrate grammar in use.

Focus Plus

More detailed explanations of grammar are given such as the constraints of certain forms or differences with other similar grammatical structures, to help students to reduce errors in using grammatical structures.

Pronunciation

Explanations are given for the pronunciation rules that require attention along with pronunciation examples.

Answers

Answers to the exercises in the textbook are given. Students can check the correct answers for themselves.

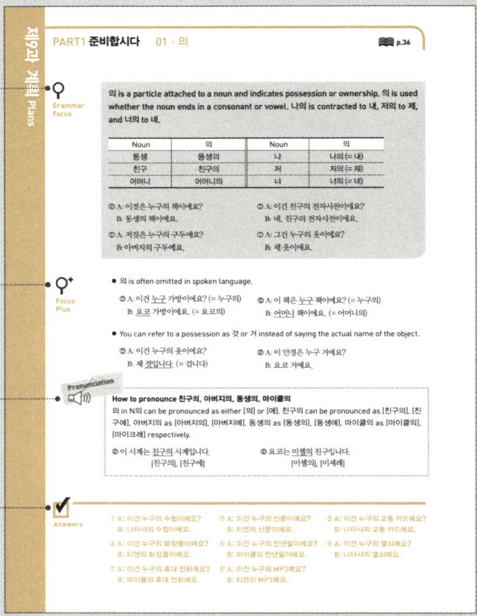
제9과 계획 Plans

PART1 준비합시다 01 • 의 p.36

Grammar Focus

의 is a particle attached to a noun and indicates possession or ownership. 의 is used whether the noun ends in a consonant or vowel. 나의 is contracted to 내, 저의 to 제, and 너의 to 네.

Noun	의	Noun	의
동생	동생의	나	나의 (= 내)
친구	친구의	저	저의 (= 제)
어머니	어머니의	너	너의 (= 네)

A: 이것은 누구의 책이에요?
B: 동생의 책이에요.

A: 이건 친구의 전자사전이에요?
B: 네, 친구의 전자사전이에요.

A: 저것은 누구의 구두예요?
B: 아버지의 구두예요.

A: 그건 누구의 옷이에요?
B: 제 옷이에요.

Focus Plus

- 의 is often omitted in spoken language.

A: 이건 누구 가방이에요? (= 누구의)
B: 요코 가방이에요. (= 요코의)

A: 이 책은 누구 책이에요? (= 누구의)
B: 어머니 책이에요. (= 어머니의)

- You can refer to a possession as 것 or 거 instead of saying the actual name of the object.

A: 이건 누구의 옷이에요?
B: 제 것입니다. (= 겁니다)

A: 이 안경은 누구 거예요?
B: 요코 거예요.

Pronunciation

How to pronounce 친구의, 아버지의, 동생의, 마이클의

의 in N의 can be pronounced as either [의] or [에]. 친구의 can be pronounced as [친구의], [친구에], 아버지의 as [아버지의], [아버지에], 동생의 as [동생의], [동생에], 마이클의 as [마이클의], [마이크레] respectively.

이 시계는 친구의 시계입니다. [친구의], [친구에]

요코는 미셸의 친구입니다. [미셸의], [미셰레]

Answers

① A: 이건 누구의 수첩이에요? B: 나타샤의 수첩이에요.
② A: 이건 누구의 신문이에요? B: 티엔의 신문이에요.
③ A: 이건 누구의 교통 카드예요? B: 나타샤의 교통 카드예요.
④ A: 이건 누구의 화장품이에요? B: 티엔의 화장품이에요.
⑤ A: 이건 누구의 만년필이에요? B: 마이클의 만년필이에요.
⑥ A: 이건 누구의 열쇠예요? B: 나타샤의 열쇠예요.
⑦ A: 이건 누구의 휴대 전화예요? B: 마이클의 휴대 전화예요.
⑧ A: 이건 누구의 MP3예요? B: 티엔의 MP3예요.

Tell me!

Information that is crucial for the study of Korean is given in Q&A form.

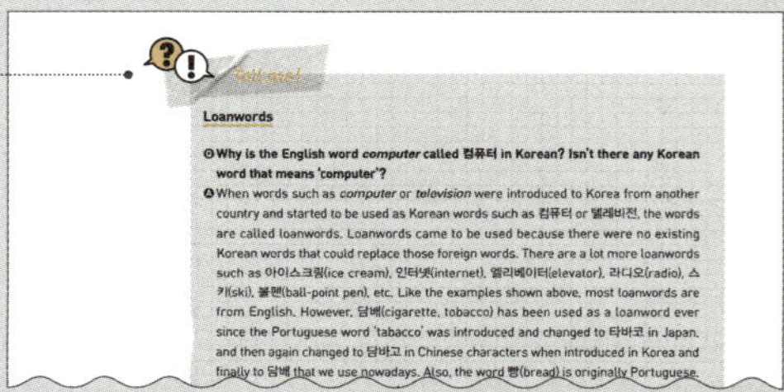
Tell me!

Loanwords

Q Why is the English word *computer* called 컴퓨터 in Korean? Isn't there any Korean word that means 'computer'?

A When words such as *computer* or *television* were introduced to Korea from another country and started to be used as Korean words such as 컴퓨터 or 텔레비전, the words are called loanwords. Loanwords came to be used because there were no existing Korean words that could replace those foreign words. There are a lot more loanwords such as 아이스크림(ice cream), 인터넷(internet), 엘리베이터(elevator), 라디오(radio), 스키(ski), 볼펜(ball-point pen), etc. Like the examples shown above, most loanwords are from English. However, 담배(cigarette, tobacco) has been used as a loanword ever since the Portuguese word 'tabacco' was introduced and changed to 타바코 in Japan, and then again changed to 담바고 in Chinese characters when introduced in Korea and finally to 담배 that we use nowadays. Also, the word 빵(bread) is originally Portuguese.

말해 봅시다 / 들어 봅시다 / 읽고 써 봅시다

Vocabulary & Expression

Detailed explanations of meaning and usage are given for words and expressions that are useful in daily life. Various examples are given to increase students' understanding.

Functional Expression

Explanations for functional expressions related with the topic of each section are given in such a way that students can learn to apply them in different situations.

Dialogue / Script / Text

The text for the 말해 봅시다(Speaking), 들어 봅시다(Listening), 읽고 써 봅시다(Reading & Writing) sections in the textbook have been translated into English to help students easily understand the contents.

Answers

Answers to the questions in the 들어 봅시다(Listening) and 읽고 써 봅시다(Reading & Writing) sections are given along with explanations that will help students to confirm their knowledge and understand the contents.

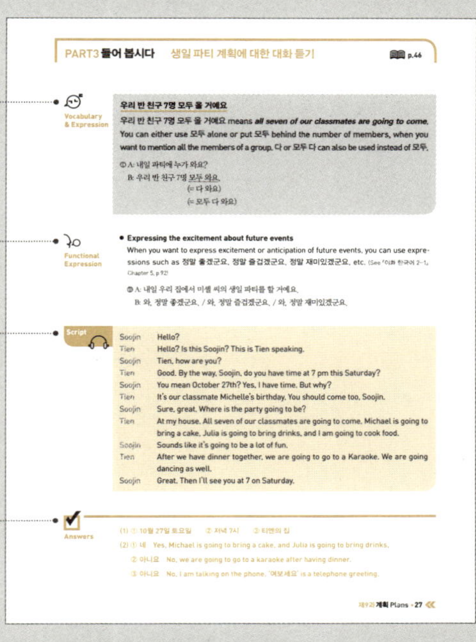

PART3 들어 봅시다 생일 파티 계획에 대한 대화 듣기 p.46

Vocabulary & Expression

우리 반 친구 7명 모두 올 거예요

우리 반 친구 7명 모두 올 거예요 means ***all seven of our classmates are going to come.*** You can either use 모두 alone or put 모두 behind the number of members, when you want to mention all the members of a group. 다 or 모두 다 can also be used instead of 모두.

예 A: 내일 파티에 누가 와요?
B: 우리 반 친구 7명 모두 와요.
(= 다 와요)
(= 모두 다 와요)

Functional Expression

- **Expressing the excitement about future events**
When you want to express excitement or anticipation of future events, you can use expressions such as 정말 좋겠군요, 정말 즐겁겠군요, 정말 재미있겠군요, etc. (See「이화 한국어 2-1」 Chapter 5, p.92)

예 A: 내일 우리 집에서 미셸 씨의 생일 파티를 할 거예요.
B: 와, 정말 좋겠군요. / 와, 정말 즐겁겠군요. / 와, 정말 재미있겠군요.

Script

Soojin	Hello?
Tien	Hello? Is this Soojin? This is Tien speaking.
Soojin	Tien, how are you?
Tien	Good. By the way, Soojin, do you have time at 7 pm this Saturday?
Soojin	You mean October 27th? Yes, I have time. But why?
Tien	It's our classmate Michelle's birthday. You should come too, Soojin.
Soojin	Sure, great. Where is the party going to be?
Tien	At my house. All seven of our classmates are going to come. Michael is going to bring a cake, Julia is going to bring drinks, and I am going to cook food.
Soojin	Sounds like it's going to be a lot of fun.
Tien	After we have dinner together, we are going to go to a Karaoke. We are going dancing as well.
Soojin	Great. Then I'll see you at 7 on Saturday.

Answers

(1) ① 10월 27일 토요일 ② 저녁 7시 ③ 티엔의 집
(2) ① 네 Yes, Michael is going to bring a cake, and Julia is going to bring drinks.
② 아니요 No, we are going to go to a karaoke after having dinner.
③ 아니요 No, I am talking on the phone. '여보세요' is a telephone greeting.

제9과 계획 Plans • 27

Vocabulary Check

A basic vocabulary list is given for each unit taking into account the frequency and level of difficulty of words. The words are grouped into various categories according to the overall topic of each unit, helping students to memorize the vocabulary and test themselves.

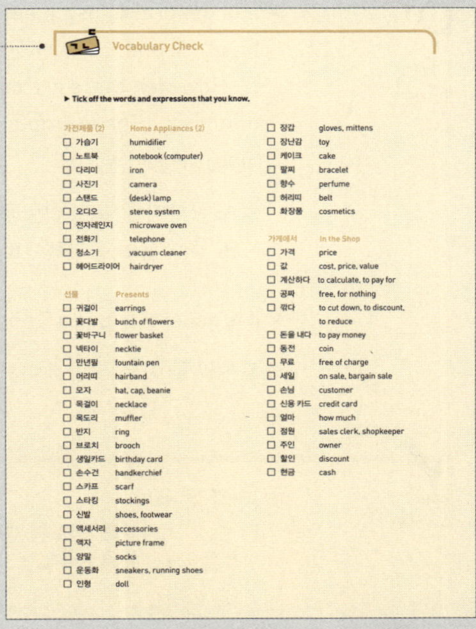

Vocabulary Check

▶ Tick off the words and expressions that you know.

가전제품 (2)	Home Appliances (2)
□ 가습기	humidifier
□ 노트북	notebook (computer)
□ 다리미	iron
□ 사진기	camera
□ 스탠드	(desk) lamp
□ 오디오	stereo system
□ 전자레인지	microwave oven
□ 전화기	telephone
□ 청소기	vacuum cleaner
□ 헤어드라이어	hairdryer

선물	Presents
□ 귀걸이	earrings
□ 꽃다발	bunch of flowers
□ 꽃바구니	flower basket
□ 넥타이	necktie
□ 만년필	fountain pen
□ 머리띠	hairband
□ 모자	hat, cap, beanie
□ 목걸이	necklace
□ 목도리	muffler
□ 반지	ring
□ 브로치	brooch
□ 생일카드	birthday card
□ 손수건	handkerchief
□ 스카프	scarf
□ 스타킹	stockings
□ 신발	shoes, footwear
□ 액세서리	accessories
□ 액자	picture frame
□ 양말	socks
□ 운동화	sneakers, running shoes
□ 인형	doll
□ 장갑	gloves, mittens
□ 장난감	toy
□ 케이크	cake
□ 팔찌	bracelet
□ 향수	perfume
□ 허리띠	belt
□ 화장품	cosmetics

가게에서	In the Shop
□ 가격	price
□ 값	cost, price, value
□ 계산하다	to calculate, to pay for
□ 공짜	free, for nothing
□ 깎다	to cut down, to discount, to reduce
□ 돈을 내다	to pay money
□ 동전	coin
□ 무료	free of charge
□ 세일	on sale, bargain sale
□ 손님	customer
□ 신용 카드	credit card
□ 얼마	how much
□ 점원	sales clerk, shopkeeper
□ 주인	owner
□ 할인	discount
□ 현금	cash

PART1 준비합시다 01 • 명, 마리, 개

p.20

Grammar Focus

개 is a unit noun that is generally used to count things. You can use native Korean numerals such as 하나, 둘, 셋, 넷, 다섯, etc. in front of 개, as in 한 개, 두 개, 세 개, 네 개, 다섯 개, etc. (See 『이화 한국어 1-1』 Chapter 5, p.82) **Depending on the type of noun such as people, animals, things, etc., different unit nouns are used such as 명, 마리, 권, 병, etc.**

개	counting things such as bags, desks, chairs, etc.	명	counting people	마리	counting animals
병	counting bottles of drink	잔	counting cups of coffee or tea	켤레	counting pairs of shoes, socks, gloves, etc.
권	counting books or notebooks	장	counting sheets of paper, stamps, pictures, glass, etc.	대	counting cars, machines, musical instruments, etc.
벌	counting sets of clothes or plates	송이	counting flowers or fruits hanging from heads (grapes, bananas, etc.)	조각	counting slices of pizza, cake, or bread

ex A: 이 방에 의자가 몇 개 있어요?
B: 세 개 있어요.

ex A: 교실에 학생이 몇 명 있어요?
B: 열 명 있어요.

ex A: 점심에 뭘 먹었어요?
B: 커피 한 잔과 피자 세 조각을 먹었어요.

ex A: 주말에 뭐 했어요?
B: 쇼핑했어요. 옷 두 벌하고 양말 세 켤레를 샀어요.

Focus Plus

- It is general to use a native Korean numeral with a native Korean unit noun such as 날, 달, or 해, and a Sino-Korean numeral with a Sino-Korean unit noun such as 일, 개월, or 년. However, there are cases when a native Korean numeral is used with a Sino-Korean unit noun. For example, the native Korean numeral is used in front of 시, which is a Sino-Korean word.

ex A: 한국어를 얼마 동안 공부했어요?
B: 두 달 동안 공부했어요. (= 이 개월)

ex A: 지금 몇 시입니까?
B: 한 시입니다.

- It is general to use a Sino-Korean numeral when the unit noun is 리터(ℓ), 미터(m), or 그램(g).

ex 매일 물 이 리터(ℓ)를 마셔요. (○) 매일 물 두 리터(ℓ)를 마셔요. (×)

Answers

① A: 뭘 샀어요?
B: 주스 두 병하고 사과 세 개하고 라면 다섯 개를 샀어요.

② A: 뭘 샀어요?
B: 우산 한 개하고 꽃 다섯 송이를 샀어요.

③ A: 뭘 샀어요?
B: 노트북 한 대하고 텔레비전 한 대를 샀어요.

④ A: 뭘 샀어요?
B: 우표 열 장하고 지우개 네 개하고 책 한 권을 샀어요.

Grammar Focus

When counting money, the unit noun for money 원 is added behind Sino-Korean numerals such as 십, 백, 천, 만, 십만, 백만, 천만···. The number 1 is often not pronounced when it is in a position other that the ones digit. 10 is read as 십 rather than 일십, 100 is read as 백 rather than 일백, 1,000 as 천 rather than 일천, 10,000 as 만 rather than 일만.

₩100	백 원	₩1,000	천 원
₩10,000	만 원	₩100,000	십만 원
₩1,000,000	백만 원	₩10,000,000	천만 원
₩121,100	십이만 천백 원	₩50,146,891	오천십사만 팔백구십일 원

ex A: 사과가 얼마입니까?
B: 천 원입니다. (₩1,000)

ex A: 이 가방이 얼마입니까?
B: 만 오천 원입니다. (₩15,000)

ex A: 구두가 얼마예요?
B: 삼만 육천 원이에요. (₩36,000)

ex A: 컴퓨터가 얼마예요?
B: 백이십일만 팔천구백 원이에요. (₩1,218,900)

Focus Plus

- When asking for a price, you can say 얼마입니까? or 얼마예요?.

ex A: 이 모자는 얼마입니까?
B: 만 원입니다. (₩10,000)

ex A: 안경이 얼마예요?
B: 이만 오천 원이에요. (₩25,000)

- When writing numbers out, digits are grouped by the ten thousands and spaces should be correspondingly left.

ex 25,430 이만∨오천사백삼십

ex 659,782 육십오만∨구천칠백팔십이

ex 4,742,030 사백칠십사만∨이천삼십

Answers

① A: 냉장고가 얼마예요?
B: 백이십삼만 원이에요.

② A: 청소기가 얼마예요?
B: 사십육만 원이에요.

③ A: 선풍기가 얼마예요?
B: 육만 팔천 원이에요.

④ A: 다리미가 얼마예요?
B: 팔만 삼천 원이에요.

⑤ A: 세탁기가 얼마예요?
B: 팔십칠만 오천이백 원이에요.

Vocabulary & Expression

1,000원짜리 사과 세 개

1,000원짜리 사과 세 개 means ***three 1,000-won apples***. Attaching 짜리 to a noun representing a number, amount, or price indicates that it has the worth, number, or amount equivalent to the noun.

ex A: 오백 원짜리하고 천 원짜리 펜이 있어요.
B: 천 원짜리 한 개 주세요.

Functional Expression

- **Expressing prices**

When asking for a price, you can ask 얼마예요? or 가격이 어떻게 돼요? Also, you can talk about prices by adding 에 to the unit nouns for counting.

ex A: 이 사과 한 개에 얼마예요? / 이 사과는 가격이 어떻게 돼요?
B: 천 원(1,000원)이에요. / 한 개에 천 원(1,000원)이에요.

ex A: 포도는 가격이 어떻게 돼요?
B: 일 킬로그램(1kg)에 육천 원이에요.

- **Bargaining**

You can use expressions such as 깎아 주세요, 싸게 해 주세요, N에 주세요, or N에 안 돼요? when you want to bargain with the shopkeeper. When the shopkeeper agrees to lower the price, he or she would usually say N만 주세요.

ex Customer: 비싸요. 깎아 주세요. / 비싸요. 싸게 해 주세요. /
너무 비싸요. 사천 원에 주세요. / 너무 비싸요. 사천 원에 안 돼요?
Shopkeeper: 그래요. 그럼 사천 원만 주세요.

Dialogue

Shopkeeper	Come right in please.
Customer	Ma'am, do you have apples?
Shopkeeper	Yes, right here. They are very delicious.
Customer	How much are these apples?
Shopkeeper	700 won each.
Customer	How about those?
Shopkeeper	Those are 1,000 won each.
Customer	How about pears?
Shopkeeper	They're 2,500 won.
Customer	That is really expensive. Could you give me a better deal?
Shopkeeper	Then just give me 2,000 won.
Customer	Give me three 1,000 won apples and two pears, please.

Grammar Focus

에게 and 한테 are particles attached to nouns that represent people or animals. The noun becomes the target that is influenced by the action. In this case, predicates such as 주다, 전화하다, 말하다, 가르치다, 쓰다, etc. are often used. 께 is used instead of 에게 or 한테 when speaking of a person that requires respect. 에게 is used in both spoken and written language, whereas 한테 is mostly used in spoken language. 에게, 한테, or 께 is used whether the noun it is attached to ends in a consonant or a vowel.

Noun	에게/한테	Noun	께
동생	동생에게/동생한테	선생님	선생님께
고양이	고양이에게/고양이한테	할머니	할머니께

ex A: 무슨 일을 하십니까?
B: 학생들에게 한국어를 가르칩니다.

ex A: 동생한테 어떤 선물을 줬어요?
B: 운동화를 선물했어요.

ex A: 누구한테 편지를 썼어요?
B: 선생님께 썼어요.

ex A: 꽃다발을 누구에게 줬어요?
B: 여자 친구에게 줬어요.

ex A: 누가 고양이한테 물을 줘요?
B: 형이 물을 줘요.

ex A: 아버지께 생신 선물을 드렸어요?
B: 아니요. 부모님이 미국에 계세요.
그래서 아버지께 전화했어요.

Focus Plus

- N에 is used instead of N에게 if the noun indicates a place or a plant such as a flower or tree.

ex A: 누구한테 전화했어요?
B: 할머니 댁에 전화했어요.

ex A: 지금 뭐 해요?
B: 화분에 물을 줘요.

ex A: 어디에 전화했어요?
B: 회사에 전화했어요.

ex A: 어제 뭐 했어요?
B: 학교에 입학 신청서를 냈어요.

Answers

① A: 선생님이 뭐 해요? / 선생님이 뭐 하세요?
B: 선생님이 학생한테 수학을 가르쳐요. /
선생님이 학생에게 수학을 가르치세요.

② A: 아이가 뭐 해요?
B: 아이가 동생한테 공을 던져요. /
아이가 동생에게 공을 던져요.

③ A: 마이클이 뭐 해요?
B: 마이클이 여자 친구한테 꽃을 줘요. /
마이클이 여자 친구에게 꽃을 줘요.

④ A: 이치로가 뭐 해요?
B: 이치로가 친구한테 편지를 써요. /
이치로가 친구에게 편지를 써요.

Grammar Focus

보다 is a particle that is attached to a noun to indicate the object of comparison. There have to be at least two things to be compared. 보다 is used whether the noun ends in a consonant or a vowel, and 더 can be attached in front of the predicate.

Noun	보다	Noun	보다
한국	한국보다	친구	친구보다
서울	서울보다	커피	커피보다
작년	작년보다	어제	어제보다

ex A: 한국이 추워요, 러시아가 추워요?
B: 러시아가 한국보다 더 추워요.

ex A: 요가가 재미있어요, 수영이 재미있어요?
B: 요가가 수영보다 더 재미있어요.

ex A: 사과가 커요, 수박이 커요?
B: 수박이 사과보다 커요.

ex A: 시장이 싸요, 백화점이 싸요?
B: 시장이 백화점보다 싸요.

ex A: 주스가 좋아요, 녹차가 좋아요?
B: 녹차가 주스보다 더 좋아요.

ex A: 피자를 좋아해요, 햄버거를 좋아해요?
B: 햄버거보다 피자를 더 좋아해요.

Focus Plus

- The positions of the subject and N보다 can be switched with each other.

  ex 피자가 햄버거보다 더 맛있어요.
  (= 햄버거보다 피자가 더 맛있어요)

- When using 보다 for comparison, if the following predicate is a verb, there has to be an adverb such as 더, 많이, 조금, etc.

  ex 형이 동생보다 많이 먹습니다. (○)
  형이 동생보다 먹습니다. (×)

Answers

① A: 서울이 커요, 부산이 커요?
B: 부산이 서울보다 (더) 커요.

② A: 여자가 많아요, 남자가 많아요?
B: 여자가 남자보다 (더) 많아요.

③ A: 야채가 좋아요, 고기가 좋아요?
B: 야채가 고기보다 (더) 좋아요.

④ A: 수학을 잘해요, 영어를 잘해요?
B: 영어를 수학보다 (더) 잘해요.

Grammar Focus

-지 않다 is used to form negative sentences. -지 않다 can be attached to either an adjective or a verb whether the stem of the adjective or verb ends in a consonant or a vowel. The past tense form of -지 않다 is -지 않았다.

Basic form	-지 않다	Basic form	-지 않다
싸다	싸지 않다	공부하다	공부하지 않다
작다	작지 않다	운동하다	운동하지 않다
가다	가지 않다	듣다	듣지 않다
먹다	먹지 않다	만들다	만들지 않다

ex A: 이 가방은 비싸요?
B: 아니요, 비싸지 않아요. 만 원이에요.

ex A: 한국 친구를 매일 만나요?
B: 아니요, 매일 만나지 않아요.
주말에 가끔 만나요.

ex A: 학생증을 만들지 않았어요?
B: 네, 아직 만들지 않았어요.

ex A: 요즘 컴퓨터를 배웁니까?
컴퓨터 공부가 어렵습니까?
B: 아니요, 어렵지 않습니다.
아주 재미있습니다.

ex A: 어제 도서관에서 책을 읽었어요?
B: 아니요, 책을 읽지 않았어요.
숙제했어요.

Focus Plus

- N이/가 아니다 is the negative form of N이다. (See 『이화 한국어 1-1』 Chapter 2, p.40)

ex 민호는 회사원이 아니에요. (○)
민호는 회사원이지 않아요. (×)

- Another negative indicator 안 is not attached to certain adjectives, whereas A/V지 않다 can be attached to either adjectives or verbs. (See 『이화 한국어 1-1』 Chapter 6, p.99)

ex 그곳은 경치가 아름답지 않습니다. (○)
그곳은 경치가 안 아름답습니다. (×)

Answers

① A: 한국 친구가 많아요?
B: 아니요, 한국 친구가 많지 않아요.

② A: 한국 드라마와 영화를 좋아해요?
B: 네, 좋아해요.

③ A: 고향에서 한국말을 배웠어요?
B: 아니요, 배우지 않았어요.

④ A: 한국 노래를 자주 들어요?
B: 아니요, 자주 듣지 않아요.

⑤ A: 매일 한국어 책을 읽어요?
B: 네, 매일 읽어요.

⑥ A: 요즘 한국 신문을 봐요?
B: 아니요, 보지 않아요.

Vocabulary & Expression

학생들에게 인기가 많아요

학생들에게 인기가 많아요 means ***(it) is popular among students***. When you want to indicate that something is popular among a certain group of people, you can say N에게 인기가 많다.

ex A: 이 화장품 어때요?
B: 요즘 이 화장품이 여자들에게 인기가 많아요.

Functional Expression

- **Asking for and giving advice on presents**

  When picking out a present or shopping, you can ask for suggestions by saying 무엇을 선물할까요?, 어떤 선물이 좋아요?, 어떤 선물을 하는 게 좋아요?, 무엇을 사면 좋을까요?, etc. When another person is asking for recommendation, you can recommend things you like by saying N이/가 어때요?, N을/를 선물하세요, N을/를 선물하는 게 좋아요, etc.

  ex A: 내일이 언니 생일이에요. 무엇을 선물할까요? /
  내일이 언니 생일이에요. 어떤 선물이 좋아요? /
  내일이 언니 생일이에요. 무엇을 사면 좋을까요? /
  내일이 언니 생일이에요. 어떤 선물을 하는 게 좋아요?
  B: 액세서리가 어때요? /
  액세서리를 선물하세요. /
  액세서리를 선물하는 게 좋아요.

Dialogue

Soojin	This Saturday is my younger brother's birthday.
Yoko	Really? Did you buy his birthday present?
Soojin	No, I didn't buy one yet. What do you think is good?
Yoko	How about an electronic dictionary? It is popular among students these days.
Soojin	An electronic dictionary seems a bit expensive. What other things are there?
Yoko	Then how about an MP3 player? It's cheaper than an electronic dictionary. I got my brother an MP3 player as a present last time.
Soojin	Yes, an MP3 player will be good.

Vocabulary & Expression

여기 있어요

여기 있어요 means ***here they are.*** 여기 있어요 can be used when the object is close to the speaker, when a clerk hands an object or change over to a customer, or as the customer gives money to the clerk to pay at a checkout counter.

ex Customer: 한국어 책이 어디에 있어요?
Shopkeeper: 여기 있어요.

ex Shopkeeper: 모두 오천 원입니다.
Customer: 네, 여기 있어요.

Functional Expression

- **Greeting customers**

When a customer comes to a store, a shopkeeper will usually greet him/her by saying 어서 오세요. After that, the shopkeeper will ask for the purpose of the visit by saying 뭘 찾으세요?, 뭘 도와 드릴까요?, etc. When the customer leaves, the shopkeeper will say 안녕히 가세요, 또 오세요, etc. Also, the customer can respond by saying 안녕히 계세요, 많이 파세요, etc.

ex Shopkeeper: 어서 오세요. 뭘 찾으세요? / 어서 오세요. 뭘 도와 드릴까요?
Customer: 가방 있어요?

ex Shopkeeper: 안녕히 가세요. / 또 오세요.
Customer: 안녕히 계세요. / 많이 파세요.

Script

Shopkeeper	Hello. What can I help you with?
Customer	Do you have socks?
Shopkeeper	Yes, we have some right here. They are very pretty.
Customer	How much is this pair of socks?
Shopkeeper	It is 4,000 won for one pair and 10,000 won for three pairs.
Customer	Are these on sale now?
Shopkeeper	Yes, we are having a sale until this Sunday.
Customer	Oh, really? Where are the handkerchiefs?
Shopkeeper	Here they are. One handkerchief is 8,000 won, 15,000 won for two.
Customer	How much are the stockings?
Shopkeeper	They're 5,000 won.
Customer	Then I will have three pairs of socks and two handkerchiefs.
Shopkeeper	Thank you very much. Come again please.

Answers

(1) ① 4,000원 ② 8,000원 ③ 5,000원 (2) ③
(3) 이번 주 일요일까지 세일합니다.

Vocabulary & Expression

찻집, 골동품 가게, 전통 음식점 등

찻집, 골동품 가게, 전통 음식점 등 means ***tea houses, antique shops, traditional restaurants, etc.*** 등 indicates that there are more of the same kind other than those mentioned. It is used to list more than one object. It can also be used behind verbs as well as nouns, in which case it is used in the form of -는 등.

ex 저는 사과, 딸기, 포도, 바나나 등 과일을 아주 좋아합니다.

ex 우리 반에는 일본, 영국, 태국, 대만 등 여러 나라 학생들이 있습니다.

ex 우리 학교 동아리는 사진을 찍고 노래와 춤을 배우는 등 여러 가지를 합니다.

Text

In Insa-dong

Last weekend, I went to Insa-dong with a friend of mine. There were lots of tea houses, antique shops, and traditional restaurants in Insa-dong. We had bibimbap at a traditional restaurant. After eating, we looked around an antique shop. There were lots of antique stuff and souvenirs at the antique shop. The prices were not as expensive as those of a department store. I bought a pencil case, two traditional folding fans, and five postcards. I also gave my friend a folding fan as a present. My friend really liked it.

Tip

Choosing the title of an article

Titles of articles are usually made in the form of a phrase or clause rather than a complete sentence.

ex (concerning shopping experience)

인사동에서
인사동에 다녀와서
인사동에서의 쇼핑

ex (concerning travel experience)

제주도에서
제주도 여행
제주도에 다녀와서
제주도에서의 추억

Answers

(1) ③ The person first had Bibimbap at a traditional restaurant and then went to an antique shop. There were lots of tea houses in Insa-dong but s/he did not go to any.

(2) 필통 한 개, 부채 두 개, 엽서 다섯 장을 샀습니다.

(3) ① 아니요 ② 네

Vocabulary Check

▶ **Tick off the words and expressions that you know.**

가전제품 (2) Home Appliances (2)

- ☐ 가습기 humidifier
- ☐ 노트북 notebook (computer)
- ☐ 다리미 iron
- ☐ 사진기 camera
- ☐ 스탠드 (desk) lamp
- ☐ 오디오 stereo system
- ☐ 전자레인지 microwave oven
- ☐ 전화기 telephone
- ☐ 청소기 vacuum cleaner
- ☐ 헤어드라이어 hairdryer

선물 Presents

- ☐ 귀걸이 earrings
- ☐ 꽃다발 bunch of flowers
- ☐ 꽃바구니 flower basket
- ☐ 넥타이 necktie
- ☐ 만년필 fountain pen
- ☐ 머리띠 hairband
- ☐ 모자 hat, cap, beanie
- ☐ 목걸이 necklace
- ☐ 목도리 muffler
- ☐ 반지 ring
- ☐ 브로치 brooch
- ☐ 생일카드 birthday card
- ☐ 손수건 handkerchief
- ☐ 스카프 scarf
- ☐ 스타킹 stockings
- ☐ 신발 shoes, footwear
- ☐ 액세서리 accessories
- ☐ 액자 picture frame
- ☐ 양말 socks
- ☐ 운동화 sneakers, running shoes
- ☐ 인형 doll
- ☐ 장갑 gloves, mittens
- ☐ 장난감 toy
- ☐ 케이크 cake
- ☐ 팔찌 bracelet
- ☐ 향수 perfume
- ☐ 허리띠 belt
- ☐ 화장품 cosmetics

가게에서 In the Shop

- ☐ 가격 price
- ☐ 값 cost, price, value
- ☐ 계산하다 to calculate, to pay for
- ☐ 공짜 free, for nothing
- ☐ 깎다 to cut down, to discount, to reduce
- ☐ 돈을 내다 to pay money
- ☐ 동전 coin
- ☐ 무료 free of charge
- ☐ 세일 on sale, bargain sale
- ☐ 손님 customer
- ☐ 신용 카드 credit card
- ☐ 얼마 how much
- ☐ 점원 sales clerk, shopkeeper
- ☐ 주인 owner
- ☐ 할인 discount
- ☐ 현금 cash

PART1 준비합시다 01 • 의

p.36

Grammar Focus

의 is a particle attached to a noun and indicates possession or ownership. 의 is used whether the noun ends in a consonant or vowel. 나의 is contracted to 내, 저의 to 제, and 너의 to 네.

Noun	의	Noun	의
동생	동생의	나	나의 (= 내)
친구	친구의	저	저의 (= 제)
어머니	어머니의	너	너의 (= 네)

ex A: 이것은 누구의 책이에요?
B: 동생의 책이에요.

ex A: 이건 친구의 전자사전이에요?
B: 네, 친구의 전자사전이에요.

ex A: 저것은 누구의 구두예요?
B: 아버지의 구두예요.

ex A: 그건 누구의 옷이에요?
B: 제 옷이에요.

Focus Plus

- 의 is often omitted in spoken language.

ex A: 이건 누구 가방이에요? (= 누구의)
B: 요코 가방이에요. (= 요코의)

ex A: 이 책은 누구 책이에요? (= 누구의)
B: 어머니 책이에요. (= 어머니의)

- You can refer to a possession as 것 or 거 instead of saying the actual name of the object.

ex A: 이건 누구의 옷이에요?
B: 제 것입니다. (= 겁니다)

ex A: 이 안경은 누구 거예요?
B: 요코 거예요.

Pronunciation

How to pronounce 친구의, 아버지의, 동생의, 마이클의

의 in N의 can be pronounced as either [의] or [에]. 친구의 can be pronounced as [친구의], [친구에], 아버지의 as [아버지의], [아버지에], 동생의 as [동생의], [동생에], 마이클의 as [마이클의], [마이크레] respectively.

ex 이 시계는 친구의 시계입니다.
[친구의], [친구에]

ex 요코는 미셸의 친구입니다.
[미셸의], [미셰레]

Answers

① A: 이건 누구의 수첩이에요?
B: 나타샤의 수첩이에요.

② A: 이건 누구의 신문이에요?
B: 티엔의 신문이에요.

③ A: 이건 누구의 교통 카드예요?
B: 나타샤의 교통 카드예요.

④ A: 이건 누구의 화장품이에요?
B: 티엔의 화장품이에요.

⑤ A: 이건 누구의 만년필이에요?
B: 마이클의 만년필이에요.

⑥ A: 이건 누구의 열쇠예요?
B: 나타샤의 열쇠예요.

⑦ A: 이건 누구의 휴대 전화예요?
B: 마이클의 휴대 전화예요.

⑧ A: 이건 누구의 MP3예요?
B: 티엔의 MP3예요.

p.37

Grammar Focus

-(으)ㄹ 거예요 is attached to a verb to indicate an event or action that will take place in the future. If the stem of the verb ends in a consonant -을 거예요 is used, while -ㄹ 거예요 is used if it ends in the consonant ㄹ or a vowel. -(으)ㄹ 거예요 is a combination of -(으)ㄹ 것 and 이에요. Combining -(으)ㄹ 것 and 입니다 makes -(으)ㄹ 겁니다.

Basic form	-(으)ㄹ 거예요	-(으)ㄹ 겁니다
가다	갈 거예요	갈 겁니다
배우다	배울 거예요	배울 겁니다
가르치다	가르칠 거예요	가르칠 겁니다
먹다	먹을 거예요	먹을 겁니다
읽다	읽을 거예요	읽을 겁니다
공부하다	공부할 거예요	공부할 겁니다
듣다	들을 거예요	들을 겁니다
만들다	만들 거예요	만들 겁니다

ex A: 영민 씨, 내일 무엇을 할 거예요?
B: 저는 친구하고 같이 영화를 볼 거예요.

ex A: 미셸 씨, 방학 때 무엇을 할 거예요?
B: 저는 한국 요리를 배울 거예요.

ex A: 요코 씨, 주말에 뭘 할 거예요?
B: 저는 경복궁에서 사진을 찍을 거예요.

ex A: 왕카이 씨, 요코 씨의 생일 파티 때 뭐 할 거예요?
B: 저는 생일 축하 노래를 할 거예요.

ex A: 마이클 씨, 저녁에 무엇을 먹을 겁니까?
B: 저는 비빔밥을 먹을 겁니다.

ex A: 수진 씨, 내년에 어디에서 살 겁니까?
B: 저는 계속 서울에서 살 겁니다.

Focus Plus

- V(으)ㄹ 거예요 indicates not only what is going to happen in the future but what the subject intends to do in the sentence.

ex A: 마이클 씨, 지금 뭐 할 거예요?
B: 내일 시험이 있어요. 그래서 공부할 거예요.

Answers

① A: 마이클 씨, 토요일에 뭐 할 거예요?
B: 오전에 남산에 갈 거예요.
수진 씨는 뭐 할 거예요?
A: 저는 오전에 장을 볼 거예요.

② A: 마이클 씨, 토요일에 뭐 할 거예요?
B: 오후에 연극표를 예매할 거예요.
수진 씨는 뭐 할 거예요?
A: 저는 오후에 친구와 점심을 먹을 거예요.

③ A: 마이클 씨, 토요일에 뭐 할 거예요?
B: 저녁에 여자 친구와 연극을 볼 거예요.
수진 씨는 뭐 할 거예요?
A: 저는 저녁에 방을 청소할 거예요.

④ A: 마이클 씨, 토요일에 뭐 할 거예요?
B: 밤에 동대문 시장에서 쇼핑할 거예요.
수진 씨는 뭐 할 거예요?
A: 저는 밤에 라디오를 들을 거예요.

Grammar Focus

–고 있다 is attached to a verb to indicate that an action continues. Whether the stem of the verb ends in a consonant or a vowel, –고 있다 retains its form. Its honorific form is –고 계시다.

Basic form	–고 있다	Basic form	–고 있다
가다	가고 있다	읽다	읽고 있다
배우다	배우고 있다	공부하다	공부하고 있다
가르치다	가르치고 있다	듣다	듣고 있다
먹다	먹고 있다	만들다	만들고 있다

ex A: 미셸 씨는 지금 무엇을 하고 있어요?
B: 과일을 사고 있어요.

ex A: 선생님, 지금 뭐 하고 계세요?
B: 지금 수업 준비를 하고 있어요.

ex A: 영민 씨, 지금 뭐 하고 있어요?
B: 가방에서 지갑을 찾고 있어요.

ex A: 할머니는 무엇을 하고 계세요?
B: 텔레비전을 보고 계세요.

ex A: 이치로 씨, 지금 뭐 하고 있어요?
B: 지금 쇼핑하고 있어요.

ex A: 지금 마이클 씨는 무엇을 해요?
B: 편지를 읽고 있어요.

ex A: 수진 씨는 지금 뭐 해요?
B: 수진 씨는 지금 케이크를 만들고 있어요.

ex A: 할아버지는 지금 무엇을 하고 계세요?
B: 방에서 책을 읽고 계세요.

Focus Plus

- V고 있다 can also be used for habitual actions that are repeated in the present.

ex A: 요코 씨는 요즘 뭐 해요?
B: 요즘 한국 요리를 배우고 있어요.

ex A: 영민 씨, 회사는 어때요? 잘 다니고 있어요?
B: 네, 잘 다니고 있어요.

- V고 있었다 is used to indicate that an action was being continued at a certain point in the past.

ex A: 어제 저녁 6시쯤 뭐 하고 있었어요?
B: 컴퓨터를 하고 있었어요.

ex A: 뭘 하고 있었어요?
B: 책을 읽고 있었어요.

Answers

① A: 리처드 씨는 지금 뭐 하고 있어요?
B: 촛불을 켜고 있어요.

② A: 수잔 씨는 지금 뭐 하고 있어요?
B: 음악을 듣고 있어요.

③ A: 티엔 씨는 지금 뭐 하고 있어요?
B: 선물을 찾고 있어요.

④ A: 민수 씨는 지금 뭐 하고 있어요?
B: 전화를 하고 있어요.

Vocabulary & Expression

휴가 때

휴가 때 means ***during vacation***. You can indicate a time period by adding 때 behind a noun representing time such as 휴가, 방학, 점심, or 저녁. (See『이화 한국어 1-1』Chapter 5, p.84)

ex A: 방학에 뭐 할 거예요?
B: 저는 방학 때 수영을 배울 거예요.

인터넷에서 숙소를 찾고 있어요

인터넷에서 숙소를 찾고 있어요 means ***I am looking for a place to stay on the Internet***. In this sentence, the verb 찾다 means searching for information. 에서 in 인터넷에서 indicates that the Internet is the source of information. In other words, N에서 represents the tool or source of searching for information such as the Internet, radio, television, magazine, book, etc.

ex A: 어디에서 숙소를 찾았어요?
B: 인터넷에서 숙소를 찾았어요.

Functional Expression

- **Vacation wishes**

When you would like to wish someone a nice vacation, 잘 보내세요, 잘 다녀오세요, or 즐겁게 보내세요 can be used. You can use time words such as 주말 and 방학 with 보내세요 depending on the situation.

ex A: 휴가 잘 보내세요. / 휴가 잘 다녀오세요. / 휴가 즐겁게 보내세요.
B: 네, 고마워요. 요코 씨도 휴가 잘 보내세요.

Dialogue

Soojin Yoko, when is your vacation?
Yoko It's from July 25th to August 5th.
Soojin What are you going to do during your vacation?
Yoko I am going to Paris, France. I have a friend there.
Soojin What are you going to do in Paris?
Yoko I am going to see the Eiffel Tower and go to museums. I am going to eat lots of French food as well.
Soojin I envy you so much. Where are you staying?
Yoko I don't know yet. I am looking for a place to stay on the Internet.
Soojin Well then, have a great vacation.

 p.42

Grammar Focus

-(으)ㄴ 후에 is attached to a verb to indicate the order of an action. It means 'after doing a certain action.' If the stem of the verb ends in a consonant -은 후에 is used, while -ㄴ 후에 is used if it ends in the consonant ㄹ or a vowel.

Basic form	-(으)ㄴ 후에	Basic form	-(으)ㄴ 후에
가다	간 후에	읽다	읽은 후에
배우다	배운 후에	공부하다	공부한 후에
가르치다	가르친 후에	듣다	들은 후에
먹다	먹은 후에	만들다	만든 후에

ex A: 이치로 씨, 언제 우체국에 갈 거예요?
B: 편지를 다 쓴 후에 갈 거예요.

ex A: 어제 친구하고 무엇을 했어요?
B: 같이 커피를 마신 후에 숙제를 했어요.

ex A: 수진 씨는 언제 영화를 볼 거예요?
B: 책을 읽은 후에 볼 거예요.

ex A: 왕카이 씨는 언제 장을 봐요?
B: 보통 퇴근한 후에 장을 봐요.

ex A: 요코 씨, 마이클 씨 생일에 무엇을 준비할까요?
B: 케이크 어때요? 케이크를 만든 후에 카드도 씁시다.

Focus Plus

- V(으)ㄴ 후에 can be replaced with either V(으)ㄴ 뒤에 or V(으)ㄴ 다음에.

ex A: 언제 잠을 자요?
B: 책을 읽은 후에 잠을 자요.
(= 읽은 뒤에 / 읽은 다음에)

- You can omit the particle 에 and simply say V(으)ㄴ 후.

ex A: 커피를 언제 마셨어요?
B: 식사를 한 후에 커피를 마셨다.
(= 한 후)

Answers

① A: 박영민 씨는 아침에 커피를 마신 후에 뭐 해요?
B: 커피를 마신 후에 서류를 읽어요.
A: 그러면 서류를 읽은 후에 뭐 해요?
B: 서류를 읽은 후에 회의해요.
그리고 회의한 후에 컴퓨터를 해요.

② A: 나타샤 씨는 아침에 청소한 후에 뭐 해요?
B: 청소한 후에 아이와 놀아요.
A: 그러면 아이와 논 후에 뭐 해요?
B: 아이와 논 후에 장을 봐요.
그리고 장을 본 후에 저녁을 준비해요.

③ A: 프랑크 씨는 아침에 요리 재료를 산 후에 뭐 해요?
B: 요리 재료를 산 후에 요리해요.
A: 그러면 요리한 후에 뭐 해요?
B: 요리한 후에 식당을 정리해요.
그리고 식당을 정리한 후에 식당 문을 닫아요.

 p.43

Grammar Focus

–(으)러 is attached to a verb representing movement such as 가다, 오다, or 다니다 to indicate the purpose of movement. It is used in the form of –(으)러 가다/오다/다니다. If the stem of the verb ends in a consonant –으러 가다 is used, while 러 가다 is used if it ends in the consonant ㄹ or a vowel.

Basic form	–(으)러 가다	Basic form	–(으)러 가다
마시다	마시러 가다	읽다	읽으러 가다
배우다	배우러 가다	공부하다	공부하러 가다
가르치다	가르치러 가다	듣다	들으러 가다
먹다	먹으러 가다	만들다	만들러 가다

ex A: 요코 씨, 지금 어디에 가요?
B: 친구를 만나러 커피숍에 가요.

ex A: 마이클 씨는 왜 슈퍼마켓에 가요?
B: 장을 보러 가요.

ex A: 나타샤 씨, 왜 도서관에 왔어요?
B: 한국어 책을 읽으러 도서관에 왔어요.

ex A: 왕카이 씨는 공원에 왜 왔습니까?
B: 산책하러 왔습니다.

ex A: 이치로 씨는 휴가 때 어디에 갈 겁니까?
B: 바다에 놀러 갈 겁니다.

ex A: 미셸 씨는 방학 때 뭐 할 거예요?
B: 저는 요리를 배우러 문화센터에 다닐 거예요.

Focus Plus

- You can switch the order of the phrase that represents the purpose of movement and the phrase that represents the destination of movement within a sentence.

  ex A: 이치로 씨, 수업 후에 어디에 가요?
  B: 문화센터에 서예를 배우러 가요.
  (= 서예를 배우러 문화센터에)

- The subject of the whole sentence has to be the same when you use V(으)러. In other words, the subject of the V(으)러 clause and the subject of the main clause should be the same.

  ex 저는 커피를 마시러 (제가) 커피숍에 가요. (○)
  저는 점심을 먹으러 요코가 식당에 가요. (×)

Answers

① A: 마사코 씨, 어디에 가요?
B: 책을 빌리러 도서관에 가요.

② A: 왕카이 씨, 어디에 가요?
B: 저녁을 먹으러 식당에 가요.

③ A: 요코 씨, 어디에 가요?
B: 요리를 배우러 문화센터에 가요.

④ A: 나타샤 씨, 어디에 가요?
B: 여권 사진을 찍으러 사진관에 가요.

⑤ A: 프랑크 씨, 어디에 가요?
B: 부모님을 마중하러 공항에 가요.

Vocabulary & Expression

직접 만들었어요

직접 만들었어요 means ***(we) actually made it ourselves***. You can use 직접 to show that you actually experienced something in person rather than through indirect means such as other people, books, TV, or the Internet.

ex A: 이 케이크를 샀어요?
B: 아니요. 제가 직접 만들었어요.

ex A: 이 가수는 노래를 정말 잘해요.
B: 맞아요. 저는 콘서트에서 직접 들었어요. 노래를 참 잘해요.

내일 같이 가요

내일 같이 가요 means ***let's go together tomorrow***. V아/어요 can be used in all four sentence types in Korean including declarative sentences, interrogative sentences, propositive sentences, and imperative sentences depending on the situation. (See 「이화 한국어 1–1」 Chapter 5, p.89)

ex A: 요코 씨도 내일 태권도를 배우러 가요? 저도 같이 가요.
B: 네, 좋아요. 내일 같이 가요.

Functional Expression

- **Asking about plans for after class**

  When asking if another person has plans after class, you can use expressions such as 수업 후에 약속이 있어요?, 수업이 끝난 후에 계획이 있어요?, or 수업이 끝난 후에 특별한 계획이 있어요?.

  ex A: 수업 후에 약속이 있어요? /
  수업이 끝난 후에 뭐 할 거예요? /
  수업이 끝난 후에 특별한 계획이 있어요?
  B: 친구와 같이 영화를 볼 거예요.

Dialogue

Natasha	Yoko, what are you going to do after class?
Yoko	I am going to meet my friend. What are you going to do, Natasha?
Natasha	I am going to the Culture Center to learn how to make Korean food.
Yoko	Really? How is the Korean cooking class?
Natasha	It's fun. We learned to cook bulgogi and jopchae last time. After we learned how to cook, we actually made it ourselves.
Yoko	It must be fun. I really like Korean food myself.
Natasha	Well then, do you have time after class tomorrow? Let's go learn together.
Yoko	Great. Let's go together tomorrow.

생일 파티 계획에 대한 대화 듣기

p.46

Vocabulary & Expression

우리 반 친구 7명 모두 올 거예요

우리 반 친구 7명 모두 올 거예요 means ***all seven of our classmates are going to come.*** You can either use 모두 alone or put 모두 behind the number of members, when you want to mention all the members of a group. 다 or 모두 다 can also be used instead of 모두.

ex A: 내일 파티에 누가 와요?
B: 우리 반 친구 7명 모두 와요.
(= 다 와요)
(= 모두 다 와요)

Functional Expression

- **Expressing the excitement about future events**

When you want to express excitement or anticipation of future events, you can use expressions such as 정말 좋겠군요, 정말 즐겁겠군요, 정말 재미있겠군요, etc. (See 『이화 한국어 2-1』 Chapter 5, p.92)

ex A: 내일 우리 집에서 미셸 씨의 생일 파티를 할 거예요.
B: 와, 정말 좋겠군요. / 와, 정말 즐겁겠군요. / 와, 정말 재미있겠군요.

Script

Soojin	Hello?
Tien	Hello? Is this Soojin? This is Tien speaking.
Soojin	Tien, how are you?
Tien	Good. By the way, Soojin, do you have time at 7 pm this Saturday?
Soojin	You mean October 27th? Yes, I have time. But why?
Tien	It's our classmate Michelle's birthday. You should come too, Soojin.
Soojin	Sure, great. Where is the party going to be?
Tien	At my house. All seven of our classmates are going to come. Michael is going to bring a cake, Julia is going to bring drinks, and I am going to cook food.
Soojin	Sounds like it's going to be a lot of fun.
Tien	After we have dinner together, we are going to go to a Karaoke. We are going dancing as well.
Soojin	Great. Then I'll see you at 7 on Saturday.

Answers

(1) ① 10월 27일 토요일 ② 저녁 7시 ③ 티엔의 집

(2) ① 네 Yes, Michael is going to bring a cake, and Julia is going to bring drinks.
② 아니요 No, we are going to go to a karaoke after having dinner.
③ 아니요 No, I am talking on the phone. '여보세요' is a telephone greeting.

Vocabulary & Expression

한국의 역사에 관심이 많습니다

한국의 역사에 관심이 많습니다 means (***I am) very interested in Korean history***. You can say N에 관심이 있다/많다, when you are interested in certain things such as objects or fields. Additionally, if you are interested in someone, you can also say N에게/한테 관심이 있다/많다.

ex 한국 문화에 관심이 많습니다. 그래서 요즘 부채춤을 배웁니다.

ex 저는 가수 김민호에게 관심이 있습니다. 그래서 그 가수의 노래를 매일 듣습니다.

Functional Expression

- **Expressing strong satisfaction with the present life**

  When you want to express strong satisfaction with the present life, you can use expressions such as 아주 좋습니다, 무척 즐겁습니다, 매우 행복합니다, 정말 재미있습니다, etc.

  ex A: 요즘 한국 생활은 어떻습니까?
  B: 아주 좋습니다. / 무척 즐겁습니다. / 매우 행복합니다. / 정말 재미있습니다.

Text

My Plan

I am a junior in college. I major in Korean studies. I came to Korea two months ago to learn Korean. In Korea, I made friends with people from many countries. I really enjoy life in Korea.

I am very interested in Korean history. So after this semester ends, I am going to travel to historic sites of Korea with my friends. Then I am going back to the United States. After I graduate from college in the States next year, I will come back to Korea to study Korean history. After I finish studying at a graduate school in Korea, I am going to be an expert in Korean history. Everyone, what do you think of my plan?

Answers

(1) ② This person came to Korea two months ago to learn Korean.

(2) ① 아니요 No, this person is not an expert in history now. But he hopes to be one after finishing his studies in graduate school.

② 네 Yes, after this semester ends, this person is going back to the States. Next year, he will graduate from college in the States.

③ 아니요 No, after this semester is finished, this person and his friends are going to travel to historic sites of Korea. Then he is going back to the States. Next semester, he is going to study in the States.

Vocabulary Check

▶ **Tick off the words and expressions that you know.**

한국 문화 Korean Culture

- ☐ 도자기 공예 — ceramics, pottery art, chinaware art
- ☐ 민속촌 — Folk Village
- ☐ 부채춤 — traditional Korean fan dance
- ☐ 사물놀이 — traditional percussion quartet
- ☐ 서예 — calligraphy
- ☐ 탈춤 — traditional Korean mask dance
- ☐ 태권도 — Taekwondo
- ☐ 판소리 — Pansori
- ☐ 한국 요리 — Korean food, Korean-style cuisine
- ☐ 한옥 — traditional Korean-style house
- ☐ 한지 공예 — Korean paper art

주말 활동 (2) Weekend Activities (2)

- ☐ 공원을 산책하다 — to walk in the park
- ☐ 소풍을 가다 — to go on a picnic
- ☐ 연극을 보다 — to see a play
- ☐ 장을 보다 — to do grocery shopping
- ☐ 콘서트를 보다 — to watch a concert

파티 계획 Party Planning

- ☐ 노래를 연습하다 — to practice singing
- ☐ 선물을 준비하다 — to prepare gifts
- ☐ 음료수를 준비하다 — to prepare drinks
- ☐ 음악을 준비하다 — to prepare music
- ☐ 촛불을 켜다 — to light up a candle
- ☐ 축하 카드를 쓰다 — to write in a congratulations card
- ☐ 춤을 연습하다 — to practice dancing
- ☐ 케이크를 만들다 — to make a cake

전공 Major

- ☐ 경영학 — business administration
- ☐ 경제학 — economics
- ☐ 법학 — law
- ☐ 역사 — history
- ☐ 유학 — studying abroad
- ☐ 유학을 마치다 — to finish studying abroad
- ☐ 정치학 — political science
- ☐ 한국학 — Korean studies, Koreanology

숙박 Lodgement

- ☐ 묵다 — to stay, to lodge
- ☐ 민박 — bed & breakfast, homestay
- ☐ 숙소 — lodging, accomodations, place to stay
- ☐ 숙소를 예약하다 — to book one's accommodation
- ☐ 콘도 — membership resort
- ☐ 펜션 — pension
- ☐ 호텔 — hotel

 p.52

Grammar Focus

-(으)ㄹ까요 is used to ask for another person's opinion or to make a suggestion. -(으)ㅂ시다 is used to approve the other person's request. In addition, when you suggest doing something together, you can directly make a suggestion by using -(으)ㅂ시다 rather than -(으)ㄹ까요. They are attached to verbs, and if the verb stem ends in a consonant -을까요 or -읍시다 is used, while -ㄹ까요 or -ㅂ시다 is used if it ends in the consonant ㄹ or a vowel.

Basic form	-(으)ㄹ까요	-(으)ㅂ시다
가다	갈까요	갑시다
배우다	배울까요	배웁시다
먹다	먹을까요	먹읍시다
읽다	읽을까요	읽읍시다
공부하다	공부할까요	공부합시다
운동하다	운동할까요	운동합시다
듣다	들을까요	들읍시다
만들다	만들까요	만듭시다

ex A: 티엔 씨, 정문에서 만날까요?
B: 네, 정문에서 만납시다.

ex A: 요코 씨, 같이 사진을 찍을까요?
B: 좋아요. 같이 찍읍시다.

ex A: 미셸 씨, 생일 케이크를 같이 만들까요?
B: 네, 같이 만듭시다.

ex A: 나타샤 씨, 의자에 좀 앉읍시다.
B: 네, 알았어요.

ex A: 수진 씨, 어떤 옷을 살까요?
B: 이 바지를 삽시다.

ex A: 이치로 씨, 무엇을 먹을까요?
B: 불고기를 먹읍시다.

ex A: 왕카이 씨, 무슨 노래를 들을까요?
B: 한국 노래를 들읍시다.

ex A: 수진 씨, 같이 좀 걸읍시다.
B: 네, 그래요.

Focus Plus

- When you want to suggest someone not to do something or ask someone not to do a certain action, you can say V지 맙시다 or V지 말까요? whether the verb stem ends in a consonant or a vowel. The negative form of V(으)ㅂ시다 is V지 맙시다.

ex A: 마이클 씨, 주말에 명동에 갈까요?
B: 명동에 가지 맙시다. 명동은 사람이 너무 많아요.

ex A: 오늘은 청소하지 말까요?
B: 그래요. 오늘은 하지 맙시다. 내일 합시다.

- You do not normally use V(으)ㅂ시다 to an older person or a superior in rank. You should use it to a person equivalent or lower in age or rank compared to you.

ex A: 요코 씨, 내일 같이 영화를 봅시다. (○)
B: 좋아요, 마이클 씨. 내일 같이 봐요.

ex Student: 김 선생님, 오후에 수업을 합시다. (×)
Professor: 그래요.

Answers

① A: 마사코 씨의 송별회를 어디에서 할까요?
B: 기숙사 휴게실에서 합시다.
B: 학교 앞 식당에서 합시다.
B: 마사코 씨 하숙집에서 합시다.

② A: 마사코 씨의 송별회에 누구를 초대할까요?
B: 학교 친구를 초대합시다.
B: 한국 친구를 초대합시다.
B: 선생님을 초대합시다.

③ A: 마사코 씨의 송별회에 무슨 음식을 준비할까요?
B: 비빔밥과 된장찌개를 준비합시다.
B: 피자와 샐러드를 준비합시다.
B: 불고기와 잡채를 준비합시다.

④ A: 마사코 씨의 송별회를 어떻게 연락할까요?
B: 이메일로 연락합시다.
B: 전화로 연락합시다.
B: 문자로 연락합시다.
B: 초대장으로 연락합시다.

Tell me!

Loanwords

Q Why is the English word *computer* called 컴퓨터 in Korean? Isn't there any Korean word that means 'computer'?

A When words such as *computer* or *television* were introduced to Korea from another country and started to be used as Korean words such as 컴퓨터 or 텔레비전, the words are called loanwords. Loanwords came to be used because there were no existing Korean words that could replace those foreign words. There are a lot more loanwords such as 아이스크림(ice cream), 인터넷(internet), 엘리베이터(elevator), 라디오(radio), 스키(ski), 볼펜(ball-point pen), etc. Like the examples shown above, most loanwords are from English. However, 담배(cigarette, tobacco) has been used as a loanword ever since the Portuguese word 'tabacco' was introduced and changed to 타바코 in Japan, and then again changed to 담바고 in Chinese characters when introduced in Korea and finally to 담배 that we use nowadays. Also, the word 빵(bread) is originally Portuguese, which is pronounced as 빠웅(pão). It was introduced in Korea by Portugeses merchants in the late 19th century and is still used as the loanword 빵 now. The German word 'Arbeit' became 아르바이트, meaning part-time work in Korea.

Grammar Focus

-고 싶다 is used to express what the subject wants or hopes for. -고 싶다 is attached to a verb, and it maintains the same form whether the verb stem ends in a consonant or a vowel. The negative form is -고 싶지 않다.

Basic form	-고 싶다	-고 싶지 않다
가다	가고 싶다	가고 싶지 않다
먹다	먹고 싶다	먹고 싶지 않다
공부하다	공부하고 싶다	공부하고 싶지 않다
듣다	듣고 싶다	듣고 싶지 않다
만들다	만들고 싶다	만들고 싶지 않다

ex A: 수진 씨, 무슨 영화를 보고 싶어요?
B: 저는 한국 영화를 보고 싶어요.

ex A: 요코 씨, 어디에서 사진을 찍고 싶어요?
B: 저 꽃 옆에서 찍고 싶어요.

ex A: 이치로 씨, 이번 학기에 무엇을 하고 싶어요?
B: 한국 친구를 사귀고 싶어요.

ex A: 나타샤 씨, 크리스마스트리를 만들고 싶어요?
B: 아니요. 저는 크리스마스트리를 만들고 싶지 않아요.

Focus Plus

- -고 싶다 cannot be attached to an adjective. However, when -아/어지다 is attached to an adjective, meaning that it is gradually becoming a certain state, the adjective can be used with -고 싶다. (See 『이화 한국어 2-2』 Chapter 15, p.152)

ex 저는 예뻐지고 싶어요. (○)
저는 예쁘고 싶어요. (×)

ex 저는 건강해지고 싶어요. (○)
저는 건강하고 싶어요. (×)

- When the subject of the sentence is third person, V고 싶어 하다 is used instead of V고 싶다.

ex A: 요코 씨, 마이클 씨는 어디에 여행가고 싶어 해요?
B: 마이클 씨는 일본에 가고 싶어 해요.

Answers

① A: 마이클 씨, 방학에 무엇을 하고 싶어요?
B: 제주도를 여행하고 싶어요. 수잔 씨는요?
A: 저는 가족을 만나러 가고 싶어요.

② A: 마이클 씨, 생일에 무엇을 하고 싶어요?
B: 친구들을 집에 초대하고 싶어요. 수잔 씨는요?
A: 저는 가족과 저녁을 먹고 싶어요.

③ A: 마이클 씨, 크리스마스에 무엇을 하고 싶어요?
B: 동생에게 선물을 보내고 싶어요. 수잔 씨는요?
A: 저는 크리스마스트리를 만들고 싶어요.

④ A: 마이클 씨, 졸업 후에 무엇을 하고 싶어요?
B: 한국 회사에서 일하고 싶어요. 수잔 씨는요?
A: 저는 여행사에 취직하고 싶어요.

Vocabulary & Expression

집

집 means ***a house***. Aside from its original meaning, 집 can indicate a shop as in 고깃집, 빵집, 꽃집, etc.

ex A: 어디에서 점심을 먹을까요?
B: 정문 앞에 있는 냉면집으로 가요.

ex A: 마이클 씨, 그 꽃을 어디에서 샀어요?
B: 후문 옆에 있는 꽃집에서 샀어요.

양이 많아요

양이 많아요 means ***there is a large amount***. You can use 양이 많아요 when you want to say that there is a large amount of food or merchandise.

ex A: 이 식당은 어때요?
B: 그 집은 양이 많아요. 그리고 싸요.

ex A: 그 식당은 양이 많아요?
B: 네, 양도 많고 맛있어요.

ex A: 나타샤 씨, 음식 양이 너무 많아요.
B: 그럼 조금만 드세요.

Functional Expression

- **Evaluating a restaurant**

You can use expressions such as 좋아요, 맛있어요, 괜찮아요, etc. to express your thoughts about a restaurant.

ex A: 요코 씨, 이화 식당은 어때요?
B: 음식 맛이 좋아요. 그리고 깨끗해요. / 음식이 맛있어요. 그렇지만 서비스는 안 좋아요. / 그 집 음식이 괜찮아요. 그래서 저는 자주 가요.

Dialogue

Wangkai	Michael, what should we eat for lunch?
Michael	I'd like to have spaghetti. How about you, Wangkai?
Wangkai	I'd like Italian food too.
Michael	Here's a restaurant guide book. Take a look. Almost all of the nearby restaurants are in here.
Wangkai	Which one's good?
Michael	"Italiano" is good, but it's a little expensive.
Wangkai	What else is good?
Michael	I like "Spanue." They give you a good amount of food and even coffee after the meal.
Wangkai	Is it far from here?
Michael	No, it's not. It's right around the front gate.
Wangkai	Sounds good. Let's go there.
Michael	Alright.

 p.56

Grammar Focus

–아/어서 is attached to an adjective or a verb to express a cause or reason. The action or state preceding –아/어서 becomes the reason or cause of the following action or state. –아서 is used if the last vowel of the stem of the adjective or verb is ㅏ or ㅗ, while –어서 is used with all the other vowels.

Basic form	–아/어서	Basic form	–아/어서
싸다	싸서	가다	가서
작다	작아서	먹다	먹어서
멀다	멀어서	공부하다	공부해서
맛있다	맛있어서	의사이다	의사여서
맛없다	맛없어서	학생이다	학생이어서

ex A: 마이클 씨, 컴퓨터를 샀어요?
B: 아니요. 너무 비싸서 못 샀어요.

ex A: 수진 씨, 왜 이 영화를 또 봐요?
B: 네. 이 영화가 너무 재미있어서 또 봐요.

ex A: 미셸 씨, 어디 아파요?
B: 네. 밥을 너무 많이 먹어서 배가 아파요.

ex A: 나타샤 씨는 한국에 왜 왔어요?
B: 한국 가수를 만나고 싶어서 한국에 왔어요.

Focus Plus

- A/V아/어서 cannot be attached to –았/었– or –겠–. Also, it cannot be used in an imperative or propositive sentence.

ex 배가 고파서 식당에 갔어요. (○)
배가 고팠어서 식당에 갔어요. (×)
배가 고프겠어서 식당에 갔어요. (×)

ex 비가 와서 택시를 탔어요. (○)
비가 와서 택시를 탑시다. (×)
비가 와서 택시를 타세요. (×)

- N이어서/여서 can be replaced with N이라서/라서, which is often used in spoken language.

ex A: 이치로 씨, 왜 백화점에 가요?
B: 친구 생일이라서 선물을 사러 백화점에 가요.
(= 생일이어서)

ex A: 유키 씨, 오늘 왜 회사에 안 갔어요?
B: 오늘부터 휴가라서 회사에 안 갔어요.
(= 휴가여서)

Answers

① A: 왜 이 책을 또 읽어요?
B: 이 책이 재미있어서 또 읽어요.

② A: 왜 한국 생활이 재미없어요?
B: 한국에 친구가 없어서 재미없어요.

③ A: 왜 이 하숙집을 친구에게 소개했어요?
B: 주인아주머니가 친절해서 친구에게 소개했어요.

④ A: 왜 지난 주말에 연락을 못했어요?
B: 지난 주말에 바빠서 연락을 못했어요.

⑥ A: 왜 학교에 안 왔어요?
B: 감기에 걸려서 학교에 안 왔어요.

⑤ A: 왜 택시를 탔어요?
B: 회의 시간에 늦어서 택시를 탔어요.

02 • ㅂ 불규칙(ㅂ irregular form)

p.57

Grammar Focus

ㅂ can change into ㅜ or ㅗ in front of a vowel, in the case of adjectives whose stems end in ㅂ such as 맵다, 쉽다, 덥다 and verbs whose stems end in ㅂ such as 돕다.

Basic form	-아/어요	-았/었어요	-아/어서
맵다	매워요	매웠어요	매워서
쉽다	쉬워요	쉬웠어요	쉬워서
덥다	더워요	더웠어요	더워서
돕다	도와요	도왔어요	도와서

ex A: 나타샤 씨, 비빔밥을 좋아해요?
B: 아니요. 매워서 안 좋아해요.

ex A: 마이클 씨, 한국의 겨울 날씨는 어때요? 추워요?
B: 네, 조금 추워요. 그리고 눈이 많이 와요.

ex A: 나타샤 씨, 지하철역이 학교에서 가까워요?
B: 네, 가까워요.

ex A: 수진 씨, 주말에 뭐 했어요?
B: 주말에 집에서 어머니를 도왔어요.

Focus Plus

- There are verbs for which ㅂ does not change into ㅜ or ㅗ in front of a vowel such as 입다, 좁다, etc.

Basic form	-아/어요	-았/었어요	-아/어서
입다	입어요	입었어요	입어서
좁다	좁아요	좁았어요	좁아서

ex A: 수진 씨, 오늘 날씨가 어때요? 어떤 옷을 입을까요?
B: 날씨가 더워요. 그래서 저는 짧은 바지를 입었어요.

ex A: 마이클 씨, 지금 사는 집이 어때요?
B: 너무 좁아요. 그래서 다음 달에 이사를 갈 거예요.

Answers

① A: 이 김치찌개 맛이 어때요?
B: 조금 매워요. 그렇지만 맛있어요.

② A: 학교에서 하숙집이 멀어요?
B: 아니요, 멀지 않아요. 가까워요.

③ A: 어제 한국어 시험이 어땠어요? 어려웠어요?
B: 아니요, 어렵지 않았어요. 쉬웠어요.

④ A: 그 식당의 삼계탕이 어땠어요? 짰어요?
B: 아니요. 싱거워서 소금을 더 넣었어요.

⑤ A: 오늘 야구를 안 할 거예요?
B: 네, 날씨가 너무 추워서 밖에 안 나갈 거예요.

Vocabulary & Expression

비빔밥 둘

비빔밥 둘 means ***two bibimbops.*** Here, 둘 means two servings. Also, when you order meals for two, you can say N 두 그릇 주세요, or N 두 개요 or N 둘요 for short.

ex A: 손님, 무엇을 드시겠습니까?
B: 갈비탕 두 그릇 주세요.

ex A: 무엇을 주문하시겠습니까?
B: 물냉면 두 개요.

ex A: 손님, 무엇을 드릴까요?
B: 삼계탕 둘요.

ex A: 마이클 씨, 비빔밥 두 그릇을 다 먹었어요?
B: 네. 너무 배가 고파서 다 먹었어요.

시킵시다

시킵시다 means ***let's order.*** 시키다 can mean 'make somebody else perform a certain action for you,' but can also mean 'order food or merchandise.'

ex A: 저는 순두부찌개를 먹고 싶어요.
B: 저는 된장찌개요. 그럼 순두부찌개 하나 된장찌개 하나 시킵시다.

ex A: 수진 씨, 누가 청소를 시켰어요?
B: 엄마가 시켰어요.

Functional Expression

- **Recommending dishes**
  When recommending dishes at a restaurant, you can say N을/를 잘해요, N이/가 맛있어요, or N이/가 유명해요.

ex A: 이 식당은 뭐가 맛있어요?
B: 여기는 된장찌개를 잘해요. /
이 집은 된장찌개가 맛있어요. /
이 식당은 된장찌개가 유명해요.

Dialogue

Hyan	Let's sit here, Ichiro.
Ichiro	Okay. By the way, what is good in this restaurant?
Hyan	This place is famous for kimchi stew. They have nice galbitang (rib soup) and bibimbap as well.
Ichiro	I had a lot of galbitang. How's bibimbap? Is it spicy?
Hyan	No, it's not spicy. It's good because it has lots of vegetables. What do you want to eat, Ichiro?
Ichiro	I'd like to have bibimbap. How about you, Hyan?
Hyan	I'd like bibimbap too.
Ichiro	Then let's order two bibimbaps.

Vocabulary & Expression

좋아요, 좋아해요

좋아요 means ***it is good*** and 좋아해요 means ***I like it***. 좋다 is an adjective meaning 'to be satisfactory.' 좋아하다 is a verb meaning 'to have a favorable opinion of something.' Therefore, 좋아하다 needs an object, whereas 좋다 does not need an object.

ex 오늘 날씨가 좋아요. (○)
오늘 날씨가 좋아해요. (×)

ex 저는 커피를 좋아해요. (○)
저는 커피를 좋아요. (×)

Functional Expression

- **Introducing a place**

When you introduce a place, you can use expression such as N을 소개할게요, N 소개를 하겠습니다, N을 아세요?, etc.

ex A: 지금부터 요코 씨가 우리 학교 근처의 커피숍을 소개합니다.
B: 안녕하세요? 여러분께 '커피사랑'을 소개할게요. /
여러분, 지금부터 '커피사랑' 소개를 하겠습니다. /
여러분은 커피숍 '커피사랑'을 아세요? 지금부터 제가 소개하겠습니다.

Dialogue

Announcer	Hello, this is Sooyung Kim. What kind of coffee shop do you often go to? Today, I'd like to introduce "Coffee Sarang" and "Cafe Miso." First of all, here's an interview with some of our friends at school.
Female student	I often go to "Coffee Sarang." It is right in front of the school's front gate. It's really close. The coffee is good and not expensive there. I also like that there are various kinds of coffee.
Male student	I like "Cafe Miso." It's right by the school back gate. The place has nice tea, but I like it more because there is live music. They play piano live on Monday, Wednesday, and Friday afternoon. I go there often to drink tea with my friends and listen to music as well.
Announcer	Wow, I'd like to try both places. How does it sound, everyone?

Answers

(1) ③ The announcer is introducing an interview about "Coffee Sarang" and "Cafe Miso." "Coffee Sarang" is right in front of the school front gate and 'Cafe Miso' is right beside the school back gate.

(2) ② The coffee is good and not expensive at "Coffee Sarang."

(3) ③ The male student goes to "Cafe Miso" often to drink tea with his friends and listen to music.

Vocabulary & Expression

한국 사람이 다 되었어요

한국 사람이 다 되었어요 means ***you have almost become a Korean.*** This expression is used to remark that a person has developed characteristics that are similar to those of Korean people, thus meaning 'You have adapted very well to Korea' or 'Your thoughts and habits have changed.'

ex A: 저는 요즘 매일 김치찌개를 먹어요. 정말 맛있어요.
B: 그래요? 마이클 씨도 한국 사람이 다 되었어요.

Functional Expression

- **Saying what you feel like eating**

  When you feel like you want to eat something, you can say N이/가 생각났어요, N을/를 먹고 싶었어요, etc.

  ex A: 요코 씨, 점심은 무엇을 먹을까요?
  B: 김밥요. 아침부터 김밥이 생각났어요. /
  김밥요. 아침부터 계속 김밥을 먹고 싶었어요.

Text

Tteokbokki and Gimbap

Susan likes Korean food. She especially likes tteokbokki(spicy rice cake) and gimbap. At first, she could not eat tteokbokki because it was too spicy. But one day when she had tteokbokki together with gimbap at the school cafeteria, it was very delicious. Afterwards, she often went to the cafeteria so that she could have tteokbokki and gimbap.

During the last vacation, Susan went home to meet her family. She ate lots of food. But she kept thinking of tteokbokki and gimbap. She wanted to eat them so much that she went to a Korean restaurant. But they were not very tasty.

Susan came back to Korea three weeks later. The first thing she did was call her Korean friend and say, "I kept thinking of tteokbokki and gimbap. Can we go to the school cafeteria today?" Her friend laughed out loud and said, "Sure, Susan, you have really become a Korean person."

Answers

(1) ① 아니요 ② 네 ③ 아니요

(2) 수잔 씨가 한국 사람처럼 한국 음식을 좋아해서
Because Susan likes Korean food just like a Korean, she keeps wanting to eat tteokbokki and gimbap.

Vocabulary Check

▶ **Tick off the words and expressions that you know.**

식당에서	At the Restaurant
☐ 맛집	gourmet restaurant
☐ 분식집	snack bar
☐ 서비스가 나쁘다	the service is bad
☐ 서비스가 좋다	the service is good
☐ 양식집	Western-style restaurant
☐ 양이 많다	to be large in quantity
☐ 양이 적다	to be small in quantity
☐ 음식을 시키다	to order food
☐ 음식을 주문하다	to order food
☐ 음식을 포장하다	to take out
☐ 일식집	Japanese restaurant
☐ 중국집	Chinese restaurant
☐ 친절하다	to be kind
☐ 한식집	Korean restaurant

음식	Food
☐ 갈비탕	rib soup
☐ 김밥	gimbap
☐ 김치찌개	kimchi stew
☐ 된장찌개	soybean paste stew
☐ 떡	rice cake
☐ 떡국	rice-cake soup
☐ 떡볶이	spicy rice cake
☐ 라면	instant noodles
☐ 만두	dumpling
☐ 물냉면	cold buckwheat noodles
☐ 분식	snack
☐ 비빔밥	bibimbap
☐ 삼겹살	pork belly
☐ 삼계탕	chicken soup with rice and ginseng
☐ 샐러드	salad
☐ 순두부찌개	soft tofu stew
☐ 스테이크	steak
☐ 스파게티	spaghetti
☐ 양식	Western food
☐ 음료수	drinks
☐ 일식	Japanese food
☐ 잡채	stir-fried glass noodles and vegetables
☐ 중식	Chinese food
☐ 피자	pizza
☐ 한식	Korean food
☐ 햄버거	Hamburger

맛	Taste
☐ 달다	to be sweet
☐ 맵다	to be spicy and hot
☐ 시다	to be sour
☐ 싱겁다	to be bland/flat/weak
☐ 쓰다	to be bitter
☐ 짜다	to be salty

Grammar Focus

(으)로 is a particle attached to a noun and indicates a tool or means of a certain action. When it is attached to a noun representing transportation, a verb representing movement such as 가다, 오다, 다니다, etc. is used as the predicate of a sentence. 으로 is used if the noun ends in a consonant, while 로 is used if it ends in the consonant ㄹ or a vowel.

Noun	(으)로	Noun	(으)로
트럭	트럭으로	택시	택시로
지하철	지하철로	배	배로
버스	버스로	자전거	자전거로

ex A: 신촌에 어떻게 가요?
B: 지하철 2호선으로 가요.

ex A: 제주도에 어떻게 가요?
B: 비행기로 가요.

ex A: 백화점에 어떻게 가요?
B: 택시로 가세요. 여기에서 가까워요.

ex A: 집에서 공원까지 버스로 가요?
B: 아니요. 자전거로 가요. 집에서 5분쯤 걸려요.

Focus Plus

- If you walk, run, or drive somewhere without using public transportation, you can say 걸어서 가다/오다/다니다, 뛰어서 가다/오다/다니다, 운전해서 가다/오다/다니다, etc.

ex A: 학교에 지하철로 다녀요?
B: 아니요. 걸어서 다녀요.

ex A: 회사에 어떻게 와요?
B: 운전해서 와요.

- Besides being used with nouns representing modes of transportation, (으)로 can also be used with nouns indicating methods, ways to learn something, instruments to fix something, ingredients to make something, etc. with.

ex A: 선생님, 이름을 펜으로 써요?
B: 아니요. 연필로 쓰세요.

ex A: 이 주스는 무엇으로 만들었어요?
B: 사과로 만들었어요.

- (으)로 can also be used with nouns representing location or direction to indicate the direction of a destination. (See『이화 한국어 1-1』Chapter 4. p.73)

ex A: 손님, 어디로 갈까요?
B: 명동으로 가 주세요.

ex A: 화장실이 어디에 있어요?
B: 2층으로 가세요.

Answers

① A: 회사에 어떻게 가요?
B: 회사에 지하철로 가요.

② A: 공항에 어떻게 가요?
B: 공항에 택시로 가요.

③ A: 우체국에 어떻게 가요?
B: 우체국에 버스로 가요.

Grammar Focus

Among verbs whose stems end in ㄷ, verbs such as 듣다, 걷다, or 묻다 change their form by having ㄷ changed into ㄹ in front of a vowel.

Basic form	-아/어요	-았/었어요	-(으)ㄹ 거예요
듣다	들어요	들었어요	들을 거예요
묻다	물어요	물었어요	물을 거예요
걷다	걸어요	걸었어요	걸을 거예요

ex A: 지금 뭘 듣고 있습니까?
B: 한국어 CD를 듣고 있습니다. CD를 들은 후에 말하기 연습을 할 겁니다.

ex A: 제 전화번호를 어떻게 알았어요?
B: 마이클 씨한테 물었어요. 마이클 씨가 가르쳐 줬어요.

ex A: 어제 뭐 했어요?
B: 친구와 등산했어요. 어제 많이 걸었어요.

ex A: 명동에 어떻게 가요?
B: 저는 잘 몰라요. 마이클 씨가 잘 알아요. 마이클 씨에게 물으세요.

ex A: 내일 뭐 할 거예요?
B: 집에서 쉴 거예요. 집에서 음악을 들을 거예요.

Focus Plus

- Verbs such as 닫다 and 받다 do not change their form even when followed by a vowel.

Basic form	-아/어요	-았/었어요	-(으)ㄹ 거예요
닫다	닫아요	닫았어요	닫을 거예요
받다	받아요	받았어요	받을 거예요

ex A: 우체국은 몇 시에 문을 닫아요?
B: 5시에 문을 닫아요.

ex A: 그 스카프는 어디에서 샀어요? 아주 예뻐요.
B: 사지 않았어요. 선물 받았어요.
지난주에 생일이었어요.

Answers

① A: 어서 오세요, 요코 씨. 집을 쉽게 찾았어요?
B: 아니요, 길을 몰라서 경찰관에게 물었어요.

② A: 한국어를 잘하고 싶어요. 어떻게 공부할까요?
B: 수업 시간에 선생님 말씀을 잘 들으세요.
그리고 숙제도 열심히 하세요.

③ A: 왜 그래요? 어디 아파요?
B: 네, 어제 너무 많이 걸어서 다리가 아파요.

④ A: 이번 주 금요일에 우리 반 모임이 있어요.
B: 저도 알아요. 어제 티엔 씨에게 들었어요.

Grammar Focus

에서 indicates a starting point, and 까지 indicates a final point or destination. 에서 and 까지 are particles that are attached to nouns representing places. Whether the nouns end in consonants or vowels, 에서 and 까지 are used.

Noun	에서	Noun	까지
서울	서울에서	부산	부산까지
캐나다	캐나다에서	러시아	러시아까지

ex A: 우리 어디에 갈까요?
B: 공원에 갑시다. 여기에서 가까워요.

ex A: 방학 때 뭐 했어요?
B: 한 달 동안 자전거로 여행했어요. 서울에서 경주까지 갔어요.

ex A: 부산에서 제주도까지 어떻게 가요?
B: 배를 타세요. 제주도까지 2시간쯤 걸려요.

ex A: 학교에서 서울역까지 어떻게 가요?
B: 버스로 가세요. 750번 버스를 타세요.

ex A: 이번 휴가 때 뭐 할 거예요?
B: 부산에 갈 거예요. 서울에서 부산까지 기차로 갈 거예요.

ex A: 프랑스에서 한국까지 얼마나 걸려요?
B: 프랑스에서 한국까지 비행기로 11시간쯤 걸려요.

Focus Plus

- 에서 is attached to a noun representing a place and indicates where the action of the predicate takes place. (See 『이화 한국어 1-1』 Chapter 6, p.98)

ex A: 친구를 만났어요? 친구와 뭐 했어요?
B: 네, 학교 정문 앞에서 만났어요. 도서관에서 같이 숙제했어요.

Answers

① A: 호텔에서 명동까지 어떻게 가요?
B: 걸어서 가세요. 아주 가까워요.

② A: 호텔에서 경복궁까지 어떻게 가요?
B: 택시로 가세요.

③ A: 호텔에서 63빌딩까지 어떻게 가요?
B: 버스로 가세요.

④ A: 호텔에서 롯데월드까지 어떻게 가요?
B: 지하철로 가세요.

 p.70

Vocabulary & Expression

4호선으로 갈아타세요

4호선으로 갈아타세요 means ***(you should) transfer to the number 4 line***. You can usually say N(으)로 갈아타다 or N을/를 갈아타다 when you switch to another ride after getting off one's transportation. In addition, 갈다 meaning switching to something else can be attached to some verbs as in 갈아입다 meaning switching to another outfit, or 갈아 신다 meaning changing socks or shoes.

ex A: 마이클 씨는 어디에서 갈아타요?
B: 시청역에서 2호선으로 갈아타요.

ex A: 수업 후에 뭐 할 거예요?
B: 옷을 갈아입고 등산을 갈 거예요.

Functional Expression

- **Saying how long something takes**

When asking how long it takes from a starting point to a destination, you can use N에서 N까지 시간이 얼마나 걸려요?. The answer would be N쯤 걸려요, in which case 쯤 can be replaced with 정도, meaning 'approximately' or 'roughly.'

ex A: 서울에서 부산까지 시간이 얼마나 걸려요?
B: KTX로 3시간 정도요. / KTX로 3시간쯤 걸려요.

Pronunciation

How to pronounce 대학로

대학로 is pronounced as [대항노]. When ㄹ comes after ㄱ, ㄷ, ㅂ, or ㄹ becomes [ㄴ], and because of the changed sound [ㄴ], the [ㄱ] in [대학] becomes [ㅇ]. In addition, when a nasal sound such as ㄴ or ㅁ come after ㄱ, ㄷ, or ㅂ, the ㄱ, ㄷ, or ㅂ becomes the nasal sound [ㅇ], [ㄴ], or [ㅁ], respectively.

ex 저는 대학로에서 연극을 봤습니다.
[대항노]

ex 저는 작년에 고등학교를 졸업했습니다.
[장년]

Dialogue

Michael	Today I am going to see a play at Daehak-ro. But how do I go to Daehak-ro from school?
Soojin	Take the subway. Traffic is going to be pretty bad since it's Saturday.
Michael	How do I go by subway?
Soojin	Take the number 2 line at Ewha Womans Univ. station and transfer to the number 4 line at Dongdaemun History & Culture Park station and then get off at Hyehwa station.
Michael	How long is it going to take to Daehak-ro?
Soojin	It takes about 30 minutes.
Michael	It's not that far from here. Thanks.
Soojin	Enjoy the play.

Grammar Focus

–(으)려고 하다 indicates an intention, idea or plan of the subject that has not yet been carried out. It can only be attached to verbs. If the the verb stem ends in a consonant –으려고 하다 is used, while –려고 하다 is used if it ends in the consonant ㄹ or a vowel. In everyday conversation, –(으)려고 해요 can be contracted to –(으)려고요.

Basic form	–(으)려고 하다	Basic form	–(으)려고 하다
가다	가려고 하다	공부하다	공부하려고 하다
배우다	배우려고 하다	듣다	들으려고 하다
먹다	먹으려고 하다	만들다	만들려고 하다
읽다	읽으려고 하다	돕다	도우려고 하다

ex A: 수업 후에 뭐 할 거예요?
B: 도서관에 갈 거예요. 책을 빌리려고 해요.

ex A: 지금 어디에 가요?
B: 은행에 가요. 돈을 찾으려고 해요.

ex A: 왜 케이크를 만들었어요?
B: 오늘이 친구 생일이에요. 선물하려고 해요.

ex A: 이번 주말에 뭐 할 거예요?
B: 공원에서 산책하려고 해요. 좀 걸으려고요.

Focus Plus

- The past tense form V(으)려고 했다 indicates that the subject had an intention of doing something, but s/he didn't actually do it.

ex A: 어제 뭐 했어요?
B: 친구와 등산하려고 했어요. 그런데 비가 와서 집에서 쉬었어요.

Answers

① A: 요코 씨는 올해 어떤 계획이 있어요?
B: 저는 살을 빼려고 해요. 그래서 요즘 열심히 운동하고 있어요.

② A: 수진 씨는 올해 어떤 계획이 있어요?
B: 저는 여행사에 취직하려고 해요. 그래서 요즘 외국어를 공부하고 있어요.

③ A: 미셸 씨는 올해 어떤 계획이 있어요?
B: 저는 콘서트를 하려고 해요. 그래서 요즘 노래 연습을 하고 있어요.

④ A: 나타샤 씨는 올해 어떤 계획이 있어요?
B: 저는 운전면허증을 따려고 해요. 그래서 요즘 운전 학원에 다니고 있어요.

⑤ A: 티엔 씨는 올해 어떤 계획이 있어요?
B: 저는 대학교에 입학하려고 해요. 그래서 요즘 열심히 공부하고 있어요.

⑥ A: 왕카이 씨는 올해 어떤 계획이 있어요?
B: 저는 유럽 여행을 하려고 해요. 그래서 요즘 유럽 역사를 공부하고 있어요.

Grammar Focus

-(으)십시오 can be used to politely ask, demand, suggest, or advise someone to do something. It can only be attached to verbs, and if the verb stem ends in a consonant, -으십시오 is used, while -십시오 is used if it ends in a vowel. In the case of negative expression, -지 마십시오 is used whether the verb stem ends in a consonant or a vowel. -(으)십시오 and -(으)세요 basically have the same meaning, but -(으)십시오 conveys a higher degree of formality. (See 『이화 한국어 1-1』 Chapter 4, p.72)

Basic form	-(으)십시오	Basic form	-(으)십시오
가다	가십시오	공부하다	공부하십시오
배우다	배우십시오	듣다	들으십시오
읽다	읽으십시오	만들다	만드십시오
찾다	찾으십시오	돕다	도우십시오

ex A: 약국이 어디에 있습니까?
B: 오른쪽으로 가십시오. 커피숍 옆에 있습니다.

ex A: 듣기 시험을 시작하겠습니다. 잘 들으십시오.
B: 네, 선생님. 알겠습니다.

ex A: 도서관에서 크게 이야기하지 마십시오.
B: 네, 알겠습니다. 죄송합니다.

ex A: 여러분, 자리에 앉으십시오.
B: 네, 알겠습니다.

ex A: 교실이 아주 덥습니다.
B: 그러면 그 옆의 창문을 여십시오.

ex A: 여기에서 사진을 찍지 마십시오.
B: 죄송합니다.

Focus Plus

- Since V(으)십시오 is used with the addition of the honorific ending -시-, the honorific verb 드시다 instead of 먹다 and 마시다 should be used, 주무시다 instead of 자다, and 계시다 instead of 있다. (See 『이화 한국어 1-1』 Chapter 7, p.118)

ex 천천히 드십시오.

ex 맛있게 드십시오.

ex 일찍 주무십시오.

ex 안녕히 계십시오.

Answers

① 주차하지 마십시오.
② 손을 대지 마십시오.
③ 쓰레기를 버리지 마십시오.
④ 조용히 하십시오.
⑤ 음식물을 먹지 마십시오.
⑥ 담배를 피우지 마십시오.

Vocabulary & Expression

사거리가 나올 겁니다

사거리가 나올 겁니다 means ***there will be an intersection.*** When explaining directions, you can say N이/가 나올 겁니다 to indicate that if you get closer to an object, you will see the object.

ex A: 편의점에 어떻게 갑니까?
B: 여기에서 오른쪽으로 가십시오. 그러면 편의점이 나올 겁니다.

별말씀을요

별말씀을요 means ***you're welcome.*** This is a usual response to give when the other person gives you a compliment or expresses gratitude to you. 별말씀 is an honorific form of 별말 meaning special comments. 별말씀을요 is interchangeable with 아니에요, 천만에요, or 뭘요.

ex A: 티엔 씨, 정말 고맙습니다.
B: 별말씀을요. / 아니에요. / 천만에요. / 뭘요.

Functional Expression

- **Expressing gratitude**

When you want to express gratitude to someone, you can simply say 고맙습니다 or 감사합니다. If you want to specifically state the reason for your gratitude, you can use an expression like V아/어 주셔서 고맙습니다/감사합니다. In this case, a polite answer would be 별말씀을요.

ex A: 길을 알려 주셔서 고맙습니다. /
길을 가르쳐 주셔서 감사합니다.
B: 별말씀을요.

Dialogue

Michael	Excuse me. Can I ask you for some directions? Is there a post office around here?
Police officer	Yes, it's on the right side of the intersection.
Michael	How do I get there from here?
Police officer	Go straight ahead for about 200m and you will see a gas station. Go to the right at the gas station. There will be an intersection.
Michael	Is there a post office at that intersection?
Police officer	You have to cross the street at the intersection. Then the post office will be right there.
Michael	I really appreciate it.
Police officer	You're welcome.

 p.76

Vocabulary & Expression

부산행

부산행 means ***bound for Busan***. You can say N행 when using public transportation such as buses, trains, plains, or ships, in which case, N in N행 should be the destination such as the name of a country or place.

ex A: 어서 오세요.
B: 부산행 기차표를 예매하려고 합니다.

ex A: 어서 오세요.
B: 제주도행 비행기 표를 예매하려고요.

Functional Expression

- **Booking a train ticket**

  When purchasing or booking a train ticket, you can say KTX 한 장 주세요, KTX로 한 장 주세요, KTX를 사고 싶어요. 한 장 주세요, etc.

  ex A: 내일 오후 한 시 기차표가 있어요?
  B: 네, 있습니다.
  A: 그럼 KTX 한 장 주세요. / KTX로 한 장 주세요. / KTX를 사고 싶어요. 한 장 주세요.
  B: 여기 있습니다.

Script

Staff How can I help you?
Yoko I'd like to book a train ticket to Busan.
Staff When are you leaving?
Yoko Around 1 pm this Saturday. Do you have tickets?
Staff Just a minute. Ma'am, I am sorry. Tickets after 11 am are all sold out.
Yoko Really? Then when is the next available one I can buy?
Staff We only have the Saemaul at 10 am and the KTX at 10:50.
Yoko I see. How much are the tickets?
Staff 51,200 won for the KTX and 41,000 won for the Saemaul.
Yoko Is that so? How long do they take?
Staff It takes about 2 hours and 50 minutes by KTX and 5 hours by Saemaul.
Yoko In that case, I would like two KTX tickets for 10:50.
Staff Alright, here you go.

Answers

(1) ④ Yoko booked a KTX ticket for 10:50 for 51,200 won and since KTX takes 2 hours and 50 minutes, the arrival time is 1:40 pm.

(2) ④ Yoko bought 2 KTX tickets and, since tickets after 11 this Saturday were all sold out, she booked them for 10:50 am.

Vocabulary & Expression

여러분도 한번 가 보십시오

여러분도 한번 가 보십시오 means ***you should really try going there.*** When you recommend trying a certain action to another person, you can say 한번 V아/어 보십시오. In this case, 한번 does not indicate the number of times, but it indicates trying something out as a test. 보다 in V아/어 보십시오 also means trying something.

ex A: 이 책을 한번 읽어 보십시오. 아주 재미있습니다.
B: 감사합니다. 읽어 보겠습니다.

Functional Expression

- **Attracting others' attention**

In writing an essay to introduce a topic, you can begin by asking questions about a topic that you are about to introduce in order to draw the readers' attention such as 여러분, N을/를 압니까?/아십니까?, N을/를 알고 계십니까?, N을/를 들어 보셨습니까?, etc.

ex 한국의 문화 유적지, 경주를 아십니까? / 한국 역사의 도시, 경주를 알고 계십니까? /
여러분, 삼국 시대 신라의 수도, 경주를 들어 보셨습니까?

Text

Tourist Route from Gyeongbokgung to the Blue House

Do you know the tourist route from Gyeongbokgung to the Blue House? It is a walking route. First of all, take the subway line number 3. Get off at Gyeongbokgung station and use exit number 5. Then you will see Gyeongbokgung. Look around the old royal palace and museums in Gyeongbokgung. After enjoying Gyeongbokgung, walk along the streets of Samcheong-dong. There are lots of famous restaurants, cafes, and traditional Korean-style houses in Samcheong-dong. In addition, people go shopping there since there are lots of clothing stores and shoe stores. After having a meal in Samcheong-dong, look around the neighborhood. Then, walk toward the Blue House. The President of Korea lives in the Blue House. Do you want to take a look at the Blue House? Then you must make a reservation for a tour in advance on the official Blue House website.

Traveling from Gyeongbokgung to the Blue House, how would you like that? You should really try going there.

Answers

(1) 경복궁 ···› 삼청동 ···› 청와대

(2) ① 네 There are lots of 맛집 and coffeehouses in 삼청동. 맛집 refers to a restaurant renowned for its delicious food.

② 아니요 President of Korea lives in 청와대.

③ 네 Take the subway line no. 3 only to Gyeongbokgung. After getting off at Gyeongbokgung station, you can take a walking tour from Gyeongbokgung to the Blue House.

Vocabulary Check

▶ **Tick off the words and expressions that you know.**

교통수단	Means of Transportation
☐ 고속버스	express bus
☐ 공항버스	airport limousine bus
☐ 기차	train
☐ 배	boat, ship
☐ 버스	bus
☐ 비행기	airplane
☐ 시내버스	city bus
☐ 시외버스	intercity bus
☐ 오토바이	motorcycle
☐ 자동차	car
☐ 자전거	bicycle
☐ 지하철	subway
☐ 택시	taxi
☐ 트럭	truck

교통 이용 장소	Transportation Facilities
☐ 고속도로	expressway
☐ 고속버스 터미널	express bus terminal
☐ 공항	airport
☐ 기차역	train station
☐ 길	street, path, way
☐ 다리	bridge
☐ 버스 정류장	bus stop
☐ 육교	(pedestrian) overpass
☐ 지하도	underground pass
☐ 지하철역	subway station
☐ 횡단보도	crosswalk

교통 이용 관련	Using Transportation
☐ 교통비를 내다	to pay for transportation
☐ 교통 카드를 사다	to buy a transportation card/pass
☐ (기차)표를 예매하다	to book a (train) ticket
☐ 길을 건너다	to cross the street
☐ 길을 걷다	to walk the street
☐ 길이 막히다	road is jammed
☐ 버스를 타다	to catch the bus, to get on the bus
☐ 버스에서 내리다	to get off the bus
☐ 안전벨트를 매다	to put on one's seatbelt
☐ 운전하다	to drive
☐ 주차하다	to park a car
☐ 지하철을 갈아타다	to transfer subway
☐ 지하철을 기다리다	to wait for the subway

PART1 준비합시다 01 • –고

p.82

Grammar Focus

–고 is attached to an adjective or a verb to connect two or more actions, states, or situations. –고 is used regardless of the order of the actions or situations and whether the stem of the adjective or verb ends in a consonant or a vowel.

Basic form	–고	Basic form	–고
싸다	싸고	공부하다	공부하고
작다	작고	듣다	듣고
가다	가고	만들다	만들고
먹다	먹고	돕다	돕고

ex A: 영민 씨의 여자 친구는 어때요?
B: 예쁘고 귀여워요.

ex A: 요코 씨, 기숙사는 어때요?
B: 넓고 깨끗해요.

ex A: 오늘 서울의 날씨는 어때요?
B: 비가 오고 바람이 불어요.

ex A: 미셸 씨, 주말에 뭐 할 거예요?
B: 음악도 듣고 영화도 보려고 해요.

Focus Plus

- If the tenses of the preceding phrase/clause and the following phrase/clause of a conjoined sentence are the same, the prefinal ending representing time such as –았/었– or –겠– is usually omitted in the preceding phrase/clause and is used only in the following phrase/clause.

ex A: 어제 뭐 했어요?
B: 음악을 듣고 요리도 했어요.
(= 음악을 들었어요. 그리고 요리도 했어요)

ex A: 내일 부산의 날씨는 어떻습니까?
B: 맑고 조금 덥겠습니다.
(= 맑겠습니다. 그리고 조금 덥겠습니다)

Answers

① A: 내일 베이징의 날씨는 어때요?
B: 내일 베이징은 눈이 오고 기온이 영하 5도(℃)쯤 될 거예요.

② A: 내일 뉴욕의 날씨는 어때요?
B: 내일 뉴욕은 바람이 불고 기온이 3도(℃)쯤 될 거예요.

③ A: 내일 방콕의 날씨는 어때요?
B: 내일 방콕은 맑고 기온이 25도(℃)쯤 될 거예요.

④ A: 내일 LA의 날씨는 어때요?
B: 내일 LA는 맑고 기온이 7도(℃)쯤 될 거예요.

⑤ A: 내일 시드니의 날씨는 어때요?
B: 내일 시드니는 비가 오고 기온이 17도(℃)쯤 될 거예요.

⑥ A: 내일 토론토의 날씨는 어때요?
B: 내일 토론토는 흐리고 기온이 영하 8도(℃)쯤 될 거예요.

⑦ A: 내일 모스크바의 날씨는 어때요?
B: 내일 모스크바는 눈이 오고 기온이 영하 16도(℃)쯤 될 거예요.

⑧ A: 내일 파리의 날씨는 어때요?
B: 내일 파리는 바람이 불고 기온이 영하 1도(℃)쯤 될 거예요.

⑨ A: 내일 도쿄의 날씨는 어때요?
B: 내일 도쿄는 비가 오고 기온이 영하 1도(℃)쯤 될 거예요.

⑩ A: 내일 상파울루의 날씨는 어때요?
B: 내일 상파울루는 맑고 기온이 17도(℃)쯤 될 거예요.

⑪ A: 내일 카이로의 날씨는 어때요?
B: 내일 카이로는 바람이 불고 기온이 12도(℃)쯤 될 거예요.

p.84

Grammar Focus

(이)나 is a particle that is attached to a noun and has the meaning of 'or.' It is used to list two or more similar items and select one out of them. 이나 is used if the noun ends in a consonant, while 나 is used if it ends in a vowel.

Noun	이나	Noun	나
음악	음악이나	영화	영화나
김밥	김밥이나	친구	친구나
과일	과일이나	된장찌개	된장찌개나

ex A: 아침에 보통 무엇을 먹어요?
B: 과일이나 빵을 먹어요.

ex A: 영민 씨는 무슨 요일에 시간이 있어요?
B: 화요일이나 수요일에 시간이 있어요.

ex A: 수진 씨는 어떤 선물을 받고 싶어요?
B: 저는 컴퓨터나 전자사전을 받고 싶어요.

ex A: 이치로 씨는 주말에 보통 뭘 해요?
B: 저는 보통 신문이나 책을 읽어요.

ex A: 이번 주말에 무슨 운동을 할 거예요?
B: 테니스나 골프를 할 거예요.

ex A: 학교에 어떻게 와요?
B: 버스나 지하철로 와요.

Focus Plus

- (이)나 can only be used to list two or more items with similar characteristics or quality.

  ex 저는 김밥이나 떡볶이를 자주 먹어요. (○)

  ex 저는 스파게티나 도서관을 좋아해요. (×)

- (이)나 is not used with the subject particle 이/가 or the object particle 을/를. In other words, it is not correct to say N이/가나 or N을/를이나.

  ex 미셸 씨나 요코 씨가 선물을 준비할 거예요. (○)
  미셸 씨가나 요코 씨가 선물을 준비할 거예요. (×)

  ex 저는 아침에 보통 사과나 바나나를 먹어요. (○)
  저는 아침에 보통 사과를이나 바나나를 먹어요. (×)

Answers

① A: 여름에 한국 사람들은 주로 뭘 해요?
B: 바닷가에 수영하러 가요.
A: 어디에 많이 가요?
B: 강릉이나 부산에 많이 가요.

② A: 가을에 한국 사람들은 주로 뭘 해요?
B: 단풍놀이를 하러 가요.
A: 어디에 많이 가요?
B: 설악산이나 속리산에 많이 가요.

③ A: 겨울에 한국 사람들은 주로 뭘 해요?
B: 스키를 타러 가요.
A: 어디에 많이 가요?
B: 무주나 용평에 많이 가요.

Grammar Focus

–(으)면 is attached to an adjective or a verb to indicate a condition or assumption regarding the following content. 으면 is used if the stem of the adjective or verb ends in a consonant, while 면 is used if it ends in the consonant ㄹ or a vowel.

Basic form	–(으)면	Basic form	–(으)면
싸다	싸면	공부하다	공부하면
작다	작으면	듣다	들으면
가다	가면	만들다	만들면
찾다	찾으면	돕다	도우면

ex A: 오늘 쇼핑할 거예요?
B: 네, 옷이 싸면 살 거예요.
그런데 비싸면 사지 않을 거예요.

ex A: 왕카이 씨, 우리 언제 밥을 먹을까요?
B: 배가 고프면 말씀하세요.
그때 같이 먹어요.

ex A: 우리 언제 회의를 시작할까요?
B: 사람들이 다 앉으면 시작합시다.

ex A: 마이클 씨, 요코 씨가 오면 전화하세요.
B: 네, 선생님. 알겠습니다.

ex A: 지금 너무 졸려요.
B: 여기 커피 좀 드세요.
커피를 마시면 졸리지 않을 거예요.

ex A: 요코 씨, 내일 뭐 할 거예요?
B: 날씨가 맑으면 산책할 거예요.
그런데 추우면 집에서 쉴 거예요.

Focus Plus

- The negative form of A/V(으)면 is 안 A/V(으)면, or A/V지 않으면.

ex 내일 날씨가 안 좋으면 여행을 가지 않을 거예요.
내일 날씨가 좋지 않으면 여행을 가지 않을 거예요.

Answers

① A: 주말에 뭐 할 거예요?
B: 날씨가 더우면 수영하러 갈 거예요.
그렇지만 비가 오면 볼링을 치러 갈 거예요.

② A: 휴가에 뭐 할 거예요?
B: 비행기 표가 있으면 고향에 갈 거예요.
그렇지만 비행기 표가 없으면 집에서 쉴 거예요.

③ A: 휴가에 뭐 할 거예요?
B: 휴가가 길면 유럽 여행을 할 거예요.
그렇지만 휴가가 짧으면 국내 여행을 할 거예요.

④ A: 졸업 후에 뭐 할 거예요?
B: 남자 친구가 청혼하면 결혼할 거예요.
그렇지만 남자 친구가 청혼 안 하면 유학을 갈 거예요.

⑤ A: 졸업 후에 뭐 할 거예요?
B: 돈이 있으면 사업을 시작할 거예요.
그렇지만 돈이 없으면 취직할 거예요.

날씨 고려하여 주말 계획 세우기

p.86

Vocabulary & Expression

이번 주말

이번 주말 means ***this weekend***. By using 이번, you can express nearby events that are approaching soon in the future as in 이번 토요일, 이번 방학, 이번 휴가, etc.

ex A: 왕카이 씨는 이번 주말에 뭐 하고 싶어요?
B: 저는 스키장에 가고 싶어요.

ex A: 이번 방학에는 태권도를 배울 거예요.
B: 그렇군요. 재미있겠어요.

ex A: 이치로 씨, 우리 언제 만날까요?
B: 이번 토요일은 어때요?

ex A: 미셸 씨, 이번 휴가에 뭐 할 거예요?
B: 저는 가족과 같이 부산에 갈 거예요.

Functional Expression

- **Asking for help**

When you ask for help, you can say 도와주세요, 도와주실래요?, 도와주실 수 있어요?, etc.

ex 시간이 있으면 저 좀 도와주세요. /
시간이 있으시면 좀 도와주실래요? /
시간이 있어요? 혹시 저 좀 도와주실 수 있어요?

- **Asking someone to join you for your weekend plan depending on the weather**

When you ask someone to join you for your weekend plan considering the weather condition, you can say 주말에 날씨가 A/V(으)면 V아/어요, 주말에 날씨가 A/V(으)면 V(으)ㅂ시다, 주말에 날씨가 A/V(으)면 V는 게 어때요?, etc.

ex A: 주말에 날씨가 좋으면 우리 같이 꽃구경 가요. /
주말에 날씨가 좋으면 우리 같이 꽃구경 갑시다. /
주말에 날씨가 좋으면 우리 같이 꽃구경 가는 게 어때요?
B: 네, 좋아요.

Dialogue

Michael	Yoko, do you have time this weekend?
Yoko	Yes, I do have time. Why?
Michael	If the weather's nice this weekend, I am going to the mountains. Let's go together.
Yoko	Alright, I like it. But what if it snows or it's cold on the weekend?
Michael	If it snows, let's go skiing or snowboarding.
Yoko	But I can't ski. If you are good at skiing, you can teach me.
Michael	Fine. Let's ski and take pictures together.
Yoko	Okay. Then call me on Friday.

p.88

Grammar Focus

-(으)ㄴ/는 can be attached to an adjective and modifies a following noun to indicate the present state of the noun. If the stem of the adjective ends in a consonant -은 is used, while -ㄴ is used if it ends in the consonant ㄹ or a vowel. Adjectives that include 있다 or 없다 such as 재미있다, 재미없다, 맛있다, 맛없다, etc. are used with -는.

Basic form	-(으)ㄴ/는	Basic form	-(으)ㄴ/는
싸다	싼	맛있다	맛있는
크다	큰	맛없다	맛없는
작다	작은	길다	긴
높다	높은	가깝다	가까운

ex A: 어떤 운동화를 사고 싶어요?
B: 편한 운동화를 사고 싶어요.

ex A: 요코 씨는 어떤 사람이에요?
B: 착하고 똑똑한 사람이에요.

ex A: 오늘 어떤 바지를 입을까요?
B: 날씨가 좀 추워요. 긴 바지를 입으세요.

ex A: 어떤 날씨를 좋아해요?
B: 저는 맑은 날씨를 좋아해요.

ex A: 수진 씨는 어떤 사람을 좋아해요?
B: 친절하고 재미있는 사람을 좋아해요.

ex A: 미셸 씨에게 어떤 걸 선물할 거예요?
B: 귀여운 인형을 선물하려고 해요.

Focus Plus

- When N이다 modifies a noun that follows, the form of N이다 becomes N인 N as in 회사원인 마이클 씨.

ex 주부인 미셸 씨는 평일에 아주 바쁩니다.

ex 요코 씨는 고등학생인 남동생이 하나 있습니다.

Answers

① A: 안드레아 씨, 어떤 사람을 좋아해요?
B: 저는 똑똑한 사람을 좋아해요.
A: 어떤 음식을 좋아해요?
B: 싱거운 음식을 좋아해요.
A: 어떤 자동차를 좋아해요?
B: 큰 자동차를 좋아해요.
A: 어떤 하숙집을 좋아해요?
B: 가까운 하숙집을 좋아해요.

② A: 진차오 씨, 어떤 사람을 좋아해요?
B: 저는 예쁘고 착한 사람을 좋아해요.
A: 어떤 음식을 좋아해요?
B: 짠 음식을 좋아해요.
A: 어떤 자동차를 좋아해요?
B: 안전한 자동차를 좋아해요.
A: 어떤 하숙집을 좋아해요?
B: 넓은 하숙집을 좋아해요.

③ A: 수잔 씨, 어떤 사람을 좋아해요?
B: 저는 재미있는 사람을 좋아해요.
A: 어떤 음식을 좋아해요?
B: 단 음식을 좋아해요.
A: 어떤 자동차를 좋아해요?
B: 작고 싼 자동차를 좋아해요.
A: 어떤 하숙집을 좋아해요?
B: 깨끗한 하숙집을 좋아해요.

p.89

Grammar Focus

–겠– is a prefinal ending attached to an adjective or a verb to indicate an assumption about a certain situation. The subject of such sentences is usually in the 2nd or 3rd person. Assumptions about the past, present, and future can all be made. Whether the stem of the adjective or verb ends in a consonant or a vowel, –겠– maintains its form. When making an assumption about a fact in the past, –았/었겠– is used.

Basic form	–겠어요	–았/었겠어요
싸다	싸겠어요	쌌겠어요
작다	작겠어요	작았겠어요
가다	가겠어요	갔겠어요
찾다	찾겠어요	찾았겠어요
공부하다	공부하겠어요	공부했겠어요
듣다	듣겠어요	들었겠어요
만들다	만들겠어요	만들었겠어요
돕다	돕겠어요	도왔겠어요

ex A: 어제 잠을 못 잤어요.
B: 많이 피곤하겠어요.

ex A: 내일 부산에 가려고 해요.
B: 그래요? 바다고 보고
맛있는 회도 먹겠네요.

ex A: 오늘 콘서트에 가요.
B: 정말 좋겠네요.

ex A: 마이클 씨, 9시 15분이에요.
수업을 시작했겠어요.
B: 네, 빨리 갑시다.

Focus Plus

- A/V겠습니다 can also be used in such idiomatic expressions as 알겠습니다, 모르겠습니다, 잘 먹겠습니다, 말씀 좀 묻겠습니다, etc.

ex A: 오늘은 비가 올 거예요. 우산을 가져가세요.
B: 네, 알겠습니다.

ex A: 맛있게 드세요.
B: 네, 감사합니다. 잘 먹겠습니다.

ex A: 혹시 김영민 씨를 아세요?
B: 아니요, 잘 모르겠어요.

ex A: 말씀 좀 묻겠습니다. 근처에 은행이 있습니까?
B: 네. 왼쪽으로 가면 있어요.

Answers

① A: 아버지가 편찮으세요.
B: 걱정되겠어요. / 마음이 아프겠어요.

③ A: 다음 주에 시험을 볼 거예요.
B: 걱정되겠어요. / 스트레스를 받겠어요.

⑤ A: 어제 친구를 2시간 동안 기다렸어요.
B: 화가 났겠어요. / 기분이 나빴겠어요.

② A: 어제 등산을 갔어요.
B: 피곤하겠어요. / 다리가 아프겠어요. /
피곤했겠어요. / 다리가 아팠겠어요.

④ A: 한국 회사에 취직했어요.
B: 기쁘겠어요. / 기분이 좋겠어요. /
행복하겠어요.

Vocabulary & Expression

기온이 30℃쯤 돼요

기온이 30℃쯤 돼요 means ***the temperature is around 30°C.*** 되다 in this sentence indicates how much the amount, fee, etc. of a certain object reaches.

ex A: 내일도 날씨가 추울까요?
B: 네. 내일도 기온이 −10℃쯤 될 거예요.

ex A: 여기에서 학교까지 택시비가 얼마쯤 될까요?
B: 글쎄요, 8,000원쯤 될 거예요.

습도가 높아요/낮아요

습도가 높아요/낮아요 means ***the humidity is high/low.*** When talking about humidity, you can use words such as 높다 or 낮다. When the humidity is high, you can say 습도가 높아요 and the opposite is 습도가 낮아요. Also, when talking about temperature, you can say 기온이 높아요/낮아요 by using 높다/낮다.

ex A: 한국은 여름에 비가 많이 와요?
B: 네, 비가 많이 와요. 습도가 좀 높아요.

ex A: 요즘 서울의 날씨는 어때요?
B: 기온이 정말 높아요. 너무 더워요.

Functional Expression

- **Getting advice on what to prepare**

When you need to get advice on things you need to bring, you can say 어떤 게 필요해요?, 필요한 게 뭐예요?, 무엇을 준비하는 게 좋아요?, 어떤 것을 가져가는 게 좋아요?, etc. In these sentences, V는 게 is the short form of V는 것이.

ex A: 내일 등산을 갈 거예요. 어떤 게 필요해요? /
내일 등산을 가려고 해요. 필요한 게 뭐예요? /
내일 등산을 가려고 해요. 무엇을 준비하는 게 좋아요? /
내일 등산을 가요. 그런데 어떤 것을 가져가는 게 좋아요?
B: 시원한 물을 꼭 가져가세요.

Dialogue

Soojin	I am planning to travel to Sydney this Christmas.
Chris	Oh really? That must be very nice.
Soojin	But how's the weather in Sydney in December?
Chris	It's summer in Sydney from December to February. The temperature's around 25 to 30℃. But the humidity is quite low there, so it is not hotter than summer in Seoul.
Soojin	Really? Then what kind of clothes should I bring?
Chris	Something cool. But it's quite chilly at night. You need long pants and a thin cardigan as well.
Soojin	Do I need anything else?
Chris	Yes. The sun's strong during the day, so you need to have your sunscreen lotion ready. You might want to bring sunglasses and a hat too.

PART3 들어 봅시다 일기 예보 듣기

p.92

Vocabulary & Expression

아침 기온은 오늘과 비슷하고

아침 기온은 오늘과 비슷하고 means ***the morning temperature will be similar to today's***. You can use the expression N은/는 N와/과 비슷하다 when you want to compare two objects and indicate that they are quite similar.

ex A: 오늘 서울 날씨는 어떻습니까?
B: 아침 기온은 10℃에서 13℃, 낮 기온은 19℃로 어제와 비슷하겠습니다.

ex A: 수진 씨가 요코 씨보다 키가 커요?
B: 아니요. 요코 씨와 비슷해요. 수진 씨 키는 162cm이고, 요코 씨 키는 163cm예요.

Functional Expression

- **Talking about what will happen in the future in formal situations**

When talking about things in the future in a formal situation, A/V겠습니다 is often used.

ex (in the weather report) 내일 서울은 아침부터 비가 오겠습니다.

ex (in the train station announcement) 기차가 곧 출발하겠습니다.

ex (in the formal conference) 회의를 5분 후에 시작하겠습니다.

Script

Hello, this is the weather report for tomorrow.

First, let's take a look at the weather in Seoul. It will start to rain tomorrow afternoon in Seoul. The morning temperature will be around 12 to 14℃, which is lower than today's. The daytime temperature will reach up to 19℃. It seems like a good idea to have your umbrella ready and put on some long-sleeved clothes.

Next, tomorrow's weather in Busan. It's going to be a sunny day in Busan. The morning temperature will be 16 to 18℃, which is about the same as today's, and the daytime temperature will be 23℃.

Tomorrow Jejudo will have lots of wind. The morning temperature will be 18 to 21℃, and the daytime temperature will reach up to 24℃. This has been your weather forecast.

Answers

(1) ①-ⓛ-ⓐ ②-ⓒ-ⓑ ③-ⓞ-ⓒ

It will start to rain tomorrow afternoon in Seoul and the daytime temperature will reach up to 19℃. Tomorrow is going to be a sunny day in Busan and the daytime temperature will be 23℃. Tomorrow, Jejudo will have lots of wind and the daytime temperature will reach up to 24℃.

(2) ① It will start to rain tomorrow afternoon in Seoul. The morning temperature will be lower than today. The forecast said that it would be a good idea to have your umbrella ready and put on some long-sleeved clothes.

 p.93

Functional Expression

- **Promising to come to pick someone up**

When you promise to come to pick someone up, you can say 제가 마중 나갈게요, 제가 마중하러 갈게요, etc.

ex A: 수진 씨, 저 다음 주에 한국에 가요.
B: 그래요? 제가 마중 나갈게요. / 그래요? 제가 공항에 마중하러 갈게요.

Text

From	"Soojin Kim" 〈Kimsj36@hanmail.net〉	To	"Masako" 〈masako78@yahoo.co.kr〉
Subject	Hi, Masako.	Sent	2010/07/16 23:00:21

Dear Masako,
How are you? I am doing just fine. Masako, you received a scholarship? It must be so great. Congratulations. When are you coming to Korea next month? When you book your plane ticket, please let me know. I will come pick you up at the airport. Seoul's going to be hot until next month. But it won't be as hot from September. So bring just a little bit of summer clothes. Seoul is a lot colder than Okinawa in winter. The temperature is low from December until February and it snows quite often. So bring enough heavy winter clothes. There are a lot of nice lodging houses and studios near school. I will try to find a clean place with a reasonable price. Computers are not provided in lodging houses and studios, so if you have a laptop, you should bring it.

Masako, if you have any questions, feel free to send me an email.

Sincerely,
Soojin

Tip

How to write the recipient and the sender when writing emails or letters

에게 is a particle that is attached to the recipient and its honorific form is 께. Also, after finishing the text of the letter, the sender is written at the end with the particle 이/가 or with the honorific form 드림 or 올림.

ex 마사코에게 / 마사코 씨에게 / 선생님께 / 할머니께

ex 요코가 / 요코 드림 / 요코 올림

Answers

(1) 장학금을 받았습니다. 그래서 공부하러 옵니다.

(2) ① 아니요 No, there is no mention of a dormitory. Soojin is going to look for a clean lodging house or a studio with a reasonable price near the school for Masako.

② 네 Yes, Masako has received a scholarship.

③ 네 Yes, Masako wrote an email to Soojin on July 15th and said that she was going to Seoul next month.

Vocabulary Check

▶ **Tick off the words and expressions that you know.**

계절 Seasons

- ☐ 봄 spring
- ☐ 여름 summer
- ☐ 가을 autumn
- ☐ 겨울 winter

날씨 Weather

- ☐ 구름이 끼다 to be cloudy
- ☐ 기온이 낮다 the temperature is low
- ☐ 기온이 높다 the temperature is high
- ☐ 눈이 그치다 snow stops
- ☐ 눈이 오다 to snow
- ☐ 덥다 to be hot
- ☐ 따뜻하다 to be warm
- ☐ 맑다 to be clear
- ☐ 바람이 불다 to be windy, wind blows
- ☐ 바람이 차다 wind is cold
- ☐ 비가 그치다 rain stops
- ☐ 비가 오다 to rain
- ☐ 습도가 낮다 to be dry, to be of low humidity
- ☐ 습도가 높다 to be humid, to be of high humidity
- ☐ 시원하다 to be cool
- ☐ 쌀쌀하다 to be chilly
- ☐ 안개가 끼다 to be foggy, to be hazy
- ☐ 영상 above zero (temperature)
- ☐ 영하 below zero (temperature)
- ☐ 일기 예보 weather report
- ☐ 춥다 to be cold
- ☐ 흐리다 to be cloudy

계절별 활동 Seasonal Activities

- ☐ 꽃구경을 하다 to watch blooming flowers, to go flower viewing
- ☐ 단풍놀이를 하다 to go see autumn colors
- ☐ 바닷가에서 수영하다 to swim at the beach
- ☐ 보드를 타다 to ride a board
- ☐ 수상 스키를 타다 to water-ski
- ☐ 스케이트를 타다 to skate
- ☐ 스키를 타다 to go skiing
- ☐ 일광욕을 하다 to sunbathe
- ☐ 해수욕을 하다 to swim in the sea

계절별 의상 Seasonal Clothing

- ☐ 긴 바지 long pants
- ☐ 긴팔 티셔츠 long-sleeve T-shirt
- ☐ 두꺼운 옷 heavy clothing
- ☐ 반바지 shorts
- ☐ 반팔 티셔츠 short-sleeve T-shirt
- ☐ 수영복 swimsuit
- ☐ 스웨터 sweater
- ☐ 얇은 옷 light clothing
- ☐ 카디건 cardigan
- ☐ 코트 coat

PART1 준비합시다 01 • –지요

p.98

Grammar Focus

–지요 is used when the speaker is already aware of the fact that is being mentioned but wants to make sure, ask the other person, or ask for agreement. In addition, –지요 is used to ask when the speaker is convinced that the other person is aware of the matter. It is used with an adjective or a verb and maintains the same form whether the stem of the adjective or verb ends in a consonant or a vowel.

Basic form	–지요	–았/었지요	–(으)ㄹ 거지요
크다	크지요	컸지요	–
작다	작지요	작았지요	–
덥다	덥지요	더웠지요	–
가다	가지요	갔지요	갈 거지요
먹다	먹지요	먹었지요	먹을 거지요
듣다	듣지요	들었지요	들을 거지요
만들다	만들지요	만들었지요	만들 거지요
돕다	돕지요	도왔지요	도울 거지요

ex A: 어제 친구를 만났지요?
B: 네, 어제 친구를 만났어요.

ex A: 이치로 씨, 장소이 씨가 예쁘지요?
B: 네, 아주 예뻐요.

ex A: 미셸 씨, 오늘 날씨가 덥지요?
B: 네. 오늘이 어제보다 더 더워요.

ex A: 마이클 씨, 내일 공항에 갈 거지요?
B: 네. 친구가 한국에 와요. 그래서 공항에 갈 거예요.

Focus Plus

- –지요 can be also used with a noun. If the noun ends in a consonant, 이지요 is used, while 지요 is used if it ends in a vowel. The past tense of N(이)지요 is N이었/였지요.

Noun	(이)지요	이었/였지요
학생	학생이지요	학생이었지요
의사	의사지요	의사였지요

ex A: 수잔 씨 동생은 학생이지요?
B: 네. 고등학생이에요.

ex A: 마이클 씨는 회사원이었지요?
B: 네. 고향에서 회사에 다녔어요.

Answers

① A: 한국 사람들은 모두 태권도를 잘하지요?
B: 아니요, 한국 사람들이 모두 태권도를 잘하지는 않아요.

② A: 제주도는 섬이지요?
B: 네, 제주도는 섬이에요.

③ A: 인천공항은 서울에 있지요?
B: 아니요, 인천공항은 서울에 있지 않아요. 인천에 있어요.

④ A: 한국 사람들은 옛날에 한복을 입었지요?
B: 네, 한국 사람들은 옛날에 한복을 입었어요.

⑤ A: 물냉면은 맵지요?
B: 아니요, 물냉면은 맵지 않아요.

 p.99

Grammar Focus

-아/어 주다 is used when a certain action is done for someone else. -아/어 주다 is attached to a verb, and if the last vowel of the verb stem is ㅏ or ㅗ, -아 주다 is used, while -어 주다 is used with all the other vowels. If you want to politely ask someone to do something, you can use -아/어 주세요.

Basic form	-아/어 줘요	-아/어 주세요
켜다	켜 줘요	켜 주세요
읽다	읽어 줘요	읽어 주세요
확인하다	확인해 줘요	확인해 주세요
듣다	들어 줘요	들어 주세요
만들다	만들어 줘요	만들어 주세요
돕다	도와줘요	도와주세요

ex A: 이치로 씨가 책을 읽어 주세요.
B: 네, 알겠습니다.

ex A: 손님, 삼만 원입니다.
B: 너무 비싸요. 조금만 깎아 주세요.

ex A: 마이클 씨, 사전을 좀 빌려 주세요.
B: 미안해요. 저도 사전을 집에 놓고 왔어요.

ex A: 요코 씨, 뭘 찾고 있어요?
B: 휴대 전화가 없어요.
제 휴대 전화 좀 같이 찾아 주세요.

Focus Plus

- 주어요 is usually contracted to 줘요 in spoken language. Both 주어요 and 줘요 are accepted as standard language in pronunciation and orthography.

  ex 미셸 씨는 아이들에게 책을 읽어 주어요. (= 줘요)

  ex 마이클 씨가 저에게 사전을 빌려 주었어요. (= 줬어요)

- When the subject does a certain action for someone older or superior in rank, V아/어 드리다 is used instead of V아/어 주다.

  ex A: 마이클 씨, 어머니 생신 선물로 뭘 사 드렸어요?
  B: 스카프를 사 드렸어요.

  ex A: 요코 씨, 고향에 계신 부모님께 선물을 보내 드렸어요?
  B: 네, 어제 보내 드렸어요.

Answers

① A: 창문 좀 닫아 주세요.
B: 네, 알았어요.

② A: 사전 좀 빌려 주세요.
B: 네, 여기 있어요.

③ A: 짐 좀 들어 주세요.
B: 네, 알겠습니다.

④ A: 책 좀 찾아 주세요.
B: 네, 알겠습니다.

Vocabulary & Expression

회의 중

회의 중 means *in a meeting*. N 중 indicates that the subject is doing something or that the subject is in a certain situation, and should be written with a space following the noun. You can simply say 수업 중, 식사 중, 여행 중, 휴가 중, etc. (See 『이화 한국어 2-1』 Chapter 4, p.74)

ex A: 요코 씨, 마이클 씨는 지금 뭐 해요?
B: 지금 수업 중이에요.

ex A: 이 선생님, 김 선생님은 어디에 계세요?
B: 김 선생님은 지금 식사 중입니다.

ex A: 이치로 씨 좀 바꿔 주시겠어요?
B: 죄송합니다. 이치로 씨는 지금 여행 중입니다. 내일 돌아올 겁니다.

Functional Expression

- **Asking to speak to someone on the phone**

When you call a company, looking for someone to talk to on the phone, you can state the name of the person you would like to talk to by saying N 씨 계십니까?, N 씨 좀 바꿔 주세요, N 씨 좀 바꿔 주시겠어요?, N 씨 좀 바꿔 주시겠습니까?, etc. Normally, you should add 죄송하지만, 실례지만, etc. to be polite.

ex A: 박영민 씨 계십니까? /
박영민 씨 좀 바꿔 주세요. /
실례지만, 박영민 씨 좀 바꿔 주시겠어요? /
죄송하지만, 박영민 씨 좀 바꿔 주시겠습니까?
B: 잠깐만 기다리세요.

Dialogue

Lee Sora	Kukmin Company.
Michael	Hello? Is this the Department of Human Resources? May I speak with Mr. Richard Smith?
Lee Sora	He is not at his desk right now. He is in a meeting.
Michae	Is he? Then I'd like to leave a message for him.
Lee Sora	Yes, go ahead.
Michael	I am Michael. I was in the same graduating class in college with Richard. The alumni meeting tomorrow has been canceled. I will call him again this evening.
Lee Sora	Alright, I will make sure he gets the message.
Michael	Thank you very much. Bye.

Grammar Focus

에게서 and 한테서 are attached to nouns representing people to mean (으)로부터(from), indicating the starting point of an action. Whether the noun ends in a consonant or a vowel, the form is consistent. 에게서 is usually used in written language, while 한테서 is mostly used in spoken language. If you want to show respect to the preceding noun, you can use 께 instead.

Noun	에게서/한테서	Noun	께
동생	동생에게서/동생한테서	선생님	선생님께
친구	친구에게서/친구한테서	할머니	할머니께

ex A: 나타샤 씨, 요리 학원에 다녀요?
B: 아니요. 매주 토요일에 한국 친구에게서 한국 요리를 배워요.

ex A: 이치로 씨는 누구한테서 태권도를 배워요?
B: 저는 형한테서 태권도를 배워요.

ex A: 영민 씨, 이 선물을 누구한테서 받았어요?
B: 선생님께 받았어요.

ex A: 마이클 씨의 합격 소식을 어떻게 알았어요?
B: 어제 요코 씨에게서 들었어요.

ex A: 미셸 씨, 누구한테서 전화가 왔어요?
B: 언니한테서 전화가 왔어요.

ex A: 수진 씨 할아버지 소식을 누구한테서 들었어요?
B: 아버지께 들었어요.

Focus Plus

- If the noun in front is not a person, you should use 에서. N에게서 or N한테서 should not be used with plants or inanimate things that cannot express feelings.

ex A: 그 소식을 어떻게 알았어요?
B: 인터넷에서 봤어요. (○)
인터넷에게서 봤어요. (×)

ex A: 어디에서 온 편지예요?
B: 제 고향에서 온 편지예요. (○)
제 고향에게서 온 편지예요. (×)

ex A: 어디에서 전화 왔어요?
B: 학교에서 전화 왔어요. (○)
학교에게서 전화 왔어요. (×)

ex A: 마이클 씨, 그게 뭐예요?
B: 단풍잎이에요. 이 나무에서 떨어졌어요. (○)
단풍잎이에요. 이 나무에게서 떨어졌어요. (×)

Answers

① A: 오늘 날씨를 어떻게 알았어요?
B: 신문에서 봤어요.

② A: 율리아 씨 결혼 소식을 어떻게 알았어요?
B: 요코 씨에게서 들었어요. / 요코씨한테서 들었어요.

③ A: 백화점 세일을 어떻게 알았어요?
B: 텔레비전에서 봤어요.

④ A: 맛있는 식당을 어떻게 알았어요?
B: 잡지에서 읽었어요.

⑤ A: 학교 전화번호를 어떻게 알았어요?
B: 선생님께 들었어요.

⑥ A: 동아리 모임을 어떻게 알았어요?
B: 친구에게서 들었어요. / 친구한테서 들었어요.

Grammar Focus

-(으)ㄹ게요 is attached to a verb to indicate that the speaker has a strong will to do something or wants to make a promise to a superior. If the verb stem ends in a consonant -을게요 is used, while -ㄹ게요 is used if it ends in the consonant ㄹ or a vowel.

Basic form	-(으)ㄹ게요	Basic form	-(으)ㄹ게요
가다	갈게요	찍다	찍을게요
배우다	배울게요	운동하다	운동할게요
먹다	먹을게요,	듣다	들을게요
읽다	읽을게요	만들다	만들게요
찾다	찾을게요	돕다	도울게요

ex A: 이치로 씨, 저는 커피숍에 왔어요. 여기에서 기다릴게요.
B: 네. 지금 가고 있어요. 조금만 기다려 주세요.

ex A: 마이클 씨, 졸업 축하해요. 졸업 선물로 옷을 샀어요.
B: 고마워요. 잘 입을게요.

ex A: 요코 씨, 미셸 씨의 전화번호를 아세요? 알면 좀 가르쳐 주세요.
B: 네, 제가 가르쳐 줄게요.

ex A: 여러분, 수진 씨가 다리를 다쳤어요. 좀 도와주세요.
B: 네, 선생님. 제가 도울게요.

ex A: 내일이 나타샤 씨 생일인데요. 무엇을 준비할까요?
B: 저는 꽃다발을 살게요.
A: 그럼 저는 생일 축하 카드를 쓸게요.

ex A: 왕카이 씨, 박영민 선생님 이메일 주소를 여기에 써 주세요.
B: 네, 알겠어요.

Answers

① A: 제 전자사전 언제 돌려줄 거예요?
B: 내일 전자사전을 돌려줄게요.

② A: 손님, 죄송하지만 이곳은 금연석이에요.
B: 네, 지금 바로 담배를 끌게요.

③ A: 주말에 이사하려고 하는데요.
혹시 토요일에 시간 좀 있어요?
B: 네. 제가 이사를 도와줄게요.

④ A: 왕카이 씨는 지금 없는데요.
2시쯤 들어올 거예요.
B: 그래요? 그럼 나중에 다시 걸게요.

⑤ A: 조용히 좀 해 주세요.
바로 옆방에서 아기가 자고 있어요.
B: 미안해요. 떠들지 않을게요.

Grammar Focus

요 is used when the speaker does not want to repeat what was once mentioned, omitting what is not necessary. 요 is added to the new information to simply end the sentence, in which case the part that has been omitted should be self-evident through the context between the speaker and the listener.

ex A: 어제 뭐 했어요?
B: 쇼핑했어요.
A: 어디에서요?
B: 명동요.

ex A: 주말에 뭐 했어요?
B: 외식했어요.
A: 누구하고요?
B: 언니하고요.

ex A: 우리 몇 시에 만날까요?
B: 오후 2시요.
A: 어디에서요?
B: 신촌역에서요.

ex A: 내일 어디에 갈 거예요?
B: 도서관요.
A: 누구하고요?
B: 혼자요.

Pronunciation

How to pronounce 안녕

안녕 is pronounced as [안녕]. When two ㄴs appear back to back as in 안녕, even though it might seem okay to omit one ㄴ and say [아녕], they should be pronounced as two separate ㄴs [안녕] precisely. In addition, when you pronounce 달라, which has ㄹs back to back, you should also pronounce it as [달라] rather than omitting one ㄹ and saying [다라].

ex 안녕?
[안녕]

ex 한국의 날씨는 제 고향과 달라요.
[달라요]

Answers

① A: 미셸 씨, 어제 뭐 했어요?
B: 공연을 봤어요.
A: 어디에서요?
B: 대학로 극장에서요.
A: 누구하고요?
B: 안드레아 씨하고요.

② A: 박영민 씨, 어제 뭐 했어요?
B: 외식했어요.
A: 어디에서요?
B: 신촌 식당에서요.
A: 누구하고요?
B: 여자 친구하고요.

③ A: 리처드 씨, 어제 뭐 했어요?
B: 영화를 봤어요.
A: 어디에서요?
B: 이화 극장에서요.
A: 누구하고요?
B: 흐엉 씨하고요.

④ A: 티엔 씨, 어제 뭐 했어요?
B: 파티했어요.
A: 어디에서요?
B: 친구 집에서요.
A: 몇 시부터 몇 시까지요?
B: 저녁 7시부터 밤 12시까지요.

⑤ A: 마사코 씨, 어제 뭐 했어요?
B: 공부했어요.
A: 어디에서요?
B: 도서관에서요.
A: 몇 시부터 몇 시까지요?
B: 오후 2시부터 5시까지요.

⑥ A: 이치로 씨, 어제 뭐 했어요?
B: 운동했어요.
A: 어디에서요?
B: 학교 운동장에서요.
A: 몇 시에요?
B: 오후 4시에요.

Vocabulary & Expression

결혼식

결혼식 means ***wedding ceremony***. –식 indicates an event or ceremony that is progressed according to commonly observed procedures. Examples include 결혼식, 약혼식, 입학식, and 졸업식. However, since there are generally no fixed procedures for birthday events, birthday parties are usually called 생일잔치 or 생일 파티.

ex 결혼식, 약혼식, 입학식, 졸업식, 개강식, 수료식, 장례식

소식

소식 means ***news***. 소식 indicates words or letters that inform of news or stories, usually those of people who are far away. The structure N 소식 is often used, as in 결혼 소식 and 고향 소식. You can also use expressions like 소식을 듣다, 소식을 알다.

ex 결혼 소식, 고향 소식, 친구 소식

Functional Expression

- **Handing the phone to someone**

  When someone else transfers a phone call to you, you can answer the phone by saying sentences such as N(your name)입니다, 네, 전화 바꿨습니다, etc.

  ex A: 죄송하지만, 요코 씨 좀 바꿔 주시겠어요?
  B: 네, 잠깐만 기다리세요.
  (잠시 후)
  C: 네, 요코입니다. / 네, 전화 바꿨습니다. / 여보세요. 요코입니다. / 여보세요. 전화 바꿨습니다.

Dialogue

Michael	Hello? Is this Michelle's house? Is Michelle home?
Michelle's younger sibling	Yes, just a minute.
Michelle	Hello, Michelle speaking.
Michael	Hi, Michelle? This is Michael. Have you heard the news about Julia's wedding?
Michelle	No, when is her wedding?
Michael	It's on the first Saturday next month.
Michelle	Where is it going to be held?
Michael	At the Seoul Hotel. You are coming, aren't you, Michelle?
Michelle	Yes, I am. But how did you find out about her wedding?
Michael	I heard it from Andrea.
Michelle	I see. Do all of our classmates know the news?
Michael	No, not yet. I will call other friends.

Vocabulary & Expression

금연석

금연석 means ***non-smoking section(seat).*** It indicate that you are not allowed to smoke in the seating area whereas you are allowed to smoke in the 흡연석.

ex A: 손님, 저희 식당은 모두 금연석입니다.
B: 아, 그래요? 죄송합니다.

Functional Expression

- **Asking for a person's name and contact number**

성함과 연락처를 말씀해 주세요 and 성함과 연락처가 어떻게 되세요? are expressions you might often hear when making a reservation. The reception clerk will usually write down the name and contact number of the person making the reservation. You can say the name of your group or work place when giving the name for the reservation. Likewise, you can leave the number of either your phone or work phone for the reservation.

ex A: 성함과 연락처를 말씀해 주세요. /
성함이 어떻게 되세요? 연락처는요? /
성함을 말씀해 주세요. 그리고 연락처도 부탁드립니다.
B: 마이클입니다. 전화번호는 010-2345-6789입니다.

Script

Reception staff	Hello, Hankuk Restaurant.
Michael	I'd like to make a reservation for December 24th.
Reception staff	I'm sorry, sir. We are fully booked for the 24th and 25th.
Michael	Oh really? Then how about the 23rd?
Reception staff	The 23rd should be alright, sir.
Michael	Then I'd like to make a reservation for 7 pm on the 23rd.
Reception staff	For how many?
Michael	For two. I'd like a quiet table by the window. Oh, and in a non-smoking area please.
Reception staff	Alright, I will do that. Could I have your name and contact number, please?
Michael	I am Michael, and my number is 010-1803-3849.
Reception staff	Your table has been reserved by the window in a non-smoking area. Just give us your name at the entrance when you come that day.
Michael	Alright, bye.

Answers

(2) 12월 23일, 저녁 7시, 두 명, 금연석, 창가

Vocabulary & Expression

학기가 끝나다

학기가 끝나다 means ***the semester ends***. 학기를 마치다 can also be used instead of 학기가 끝나다.

ex A: 마이클 씨, 언제부터 태권도를 배울 거예요?
B: 요즘 너무 바빠요. 그래서 이번 학기가 끝나면 배울 거예요.

ex A: 요코 씨, 이번 학기를 마치면 뭘 할 거예요?
B: 이번 학기가 끝나면 여행을 갈 거예요.

Functional Expression

- **Saying you have made plans**

  When you say you have made plans to do something, you can say 계획을 세웠어요, 계획을 짰어요, etc.

  ex A: 마이클 씨 송별회 계획을 세웠어요?
  B: 네. 요코 씨와 같이 계획을 세웠어요. /
  네. 아까 요코 씨와 함께 계획을 짰어요.

Text

Planning a Farewell Party

When the semester ends, our classmate Jeanne will go back to France. So, my classmates and I are planning a farewell party for Jeanne at 6 this Saturday.

For the place of the farewell party, we made a reservation at Ewha Pub in front of the school. We have set up a lot of awesome plans. Yulia is going to bring a big and delicious cake. Because we wanted to give Jeanne a class picture album as a gift, Yoko and Michael are making an album together. I am going to bring a flower bouquet. Ichiro is going to sing, so Ichiro is practicing singing really hard now.

Our classmates have made preparations for the farewell party for a week. Jeanne will be surprised and very happy.

Answers

(1) 시간: 토요일 6시 장소: 학교 앞 이화 호프

(2) ① 아니요 Yoko and Michael are making an album together.

② 네 Ichiro is going to sing, so Ichiro is practicing singing really hard now.

Vocabulary Check

▶ **Tick off the words and expressions that you know.**

연락처 — **Contact Information**

- ☐ 이메일 주소 — email address
- ☐ 전화번호 — telephone number
- ☐ 직장 주소 — office address
- ☐ 집 주소 — home address
- ☐ 팩스 번호 — fax number

연락 수단 — **Means of Contact**

- ☐ 문자 (메시지) — text message
- ☐ 음성 메시지 — voicemail
- ☐ 이메일 — email
- ☐ 팩스 — fax
- ☐ 편지 — letter
- ☐ 휴대 전화 — cell phone

연락 방법 — **Method of Contact**

- ☐ 답장을 보내다 — to answer a letter, to reply to a letter
- ☐ 답장을 쓰다 — to answer a letter, to reply to a letter
- ☐ 메모를 남기다 — to leave a note
- ☐ 메모를 부탁하다 — to ask for a memo
- ☐ 메모를 전하다 — to give a message
- ☐ 음성 메시지를 남기다 — to leave a voicemail
- ☐ 이메일을 보내다 — to send an email
- ☐ 이메일을 쓰다 — to write an email
- ☐ 초대장을 보내다 — to send an invitation
- ☐ 초대장을 쓰다 — to write an invitation
- ☐ 팩스를 보내다 — to send a fax
- ☐ 편지를 보내다 — to send a letter
- ☐ 편지를 쓰다 — to write a letter

전화 관련 — **Telephone-Related**

- ☐ 문자를 보내다 — to send a text message
- ☐ 문자를 확인하다 — to check a text message
- ☐ 전화를 걸다 — to give a call
- ☐ 전화를 끊다 — to hang up the phone
- ☐ 전화를 바꿔 주다 — to get someone on the phone
- ☐ 전화를 받다 — to answer the phone
- ☐ 전화를 잘못 걸다 — to dial the wrong number
- ☐ 통화 중이다 — the line/number is busy
- ☐ 통화하다 — to talk on the phone

소식 — **News**

- ☐ 소식을 기다리다 — to wait for news
- ☐ 소식을 듣다 — to hear the news
- ☐ 소식을 모르다 — to not know the news
- ☐ 소식을 알다 — to know the news
- ☐ 소식이 없다 — to hear no news

PART1 준비합시다 01 • –(으)ㄹ 수 있다

p.114

Grammar Focus

–(으)ㄹ 수 있다 is attached to a verb to indicate an ability of the subject. The negative form is –(으)ㄹ 수 없다. If the verb stem ends in a consonant –을 수 있다 is used, while –ㄹ 수 있다 is used if it ends in the consonant ㄹ or a vowel.

Basic form	–(으)ㄹ 수 있다	Basic form	–(으)ㄹ 수 있다
가다	갈 수 있다	운동하다	운동할 수 있다
배우다	배울 수 있다	듣다	들을 수 있다
먹다	먹을 수 있다	만들다	만들 수 있다
읽다	읽을 수 있다	돕다	도울 수 있다

ex A: 왕카이 씨, 스키를 탈 수 있어요?
B: 네, 탈 수 있어요. 작년에 배웠어요.

ex A: 나타샤 씨, 부채춤을 출 수 있어요?
B: 아니요, 출 수 없어요. 안 배웠어요.

ex A: 미셸 씨, 김치찌개를 먹을 수 있어요?
B: 네, 먹을 수 있어요.
김치찌개를 아주 좋아해요.

ex A: 영민 씨, 테니스를 칠 수 있어요?
B: 네, 칠 수 있어요. 아주 재미있어요.

ex A: 수진 씨는 운전할 수 있어요?
B: 아니요, 저는 운전할 수 없어요.

ex A: 요코 씨, 케이크를 만들 수 있어요?
B: 아니요, 저는 케이크를 만들 수 없어요.
배우지 않았어요.

Focus Plus

- V(으)ㄹ 수 있다 represents not only the capability of doing something but also the possibility of a certain condition.

ex A: 지금 잠깐 이야기할 수 있어요?
B: 네. 지금 시간 괜찮아요.

ex A: 이 휴대 전화로 음악을 들을 수 있어요?
B: 네, 들을 수 있어요. 아주 편해요.

Answers

① A: 마이클 씨, 매운 음식을 먹을 수 있어요?
B: 네, 먹을 수 있어요. 율리아 씨는요?
A: 저도 먹을 수 있어요.

② A: 마이클 씨, 한국 노래를 부를 수 있어요?
B: 네, 부를 수 있어요. 율리아 씨는요?
A: 저는 부를 수 없어요. 어려워요.

③ A: 마이클 씨, 첼로를 켤 수 있어요?
B: 아니요, 켤 수 없어요. 율리아 씨는요?
A: 저는 켤 수 있어요.

④ A: 마이클 씨, 오토바이를 탈 수 있어요?
B: 네, 탈 수 있어요. 율리아 씨는요?
A: 저는 탈 수 없어요.

⑤ A: 마이클 씨, 한국 신문을 읽을 수 있어요?
B: 아니요, 읽을 수 없어요. 율리아 씨는요?
A: 저는 읽을 수 있어요.

⑥ A: 마이클 씨, 태권도를 할 수 있어요?
B: 네, 할 수 있어요. 율리아 씨는요?
A: 저는 할 수 없어요.

Grammar Focus

못 comes before a verb to mean that the subject is not able to do something. It can also mean that an external reason makes the subject unable to do something. In the case of verbs such as 공부하다 or 운동하다, the form would be 공부 못 하다 or 운동 못 하다.

Basic form	못	Basic form	못
가다	못 가다	운동하다	운동 못 하다
배우다	못 배우다	듣다	못 듣다
먹다	못 먹다	만들다	못 만들다
읽다	못 읽다	돕다	못 돕다

ex A: 요코 씨, 피아노를 칠 수 있어요?
B: 아니요, 피아노를 못 쳐요.

ex A: 마이클 씨, 한국 신문을 읽을 수 있어요?
B: 아니요, 못 읽어요.

ex A: 영민 씨, 바이올린을 켤 수 있어요?
B: 아니요, 저는 바이올린을 못 켜요.

ex A: 왕카이 씨, 어제 학교에 갔어요?
B: 아니요, 아파서 못 갔어요.

Focus Plus

- 안 V is used when the subject has the ability to do something but would rather not do it by the subject's own intention. (See 『이화 한국어 1-1』 Chapter 6, p.99) 못 V has the same meaning as V(으)ㄹ 수 없다, indicating that the subject does not have the ability to do something.

ex A: 이치로 씨, 스케이트를 탈 수 있어요?
B: 네, 저는 스케이트를 탈 수 있어요. 그렇지만 전 요즘 스케이트를 안 타요.
스케이트보다 스키가 더 재미있어요.

ex A: 미셸 씨, 주말에 같이 스케이트를 타러 갈까요?
B: 미안해요. 저는 스케이트를 못 타요. 배우지 않았어요.

Answers

① A: 토요일에 같이 골프를 칠까요?
B: 미안해요. 회사에 중요한 회의가 있어요.
그래서 골프를 못 쳐요.

② A: 내일 아침에 같이 수영할까요?
B: 미안해요. 감기에 걸렸어요.
그래서 수영 못 해요.

③ A: 금요일 저녁에 만날까요?
B: 미안해요. 선약이 있어요. 그래서 못 만나요.

④ A: 같이 커피 마실까요?
B: 요즘 위가 아파요. 그래서 못 마셔요.

⑤ A: 같이 점심을 먹을까요?
B: 미안해요. 할 일이 많아요.
그래서 점심을 같이 못 먹어요.

⑥ A: 주말에 같이 놀이동산에 놀러 갈까요?
B: 미안해요. 몸이 안 좋아요.
그래서 놀이동산에 못 놀러 가요.

Grammar Focus

-고 is attached to a verb to connect different actions according to their order in time. -고 maintains the same form whether the verb stem ends in a consonant or a vowel.

Basic form	-고	Basic form	-고
가다	가고	운동하다	운동하고
배우다	배우고	듣다	듣고
먹다	먹고	만들다	만들고
읽다	읽고	돕다	돕고

ex A: 오늘 수업 후에 뭐 할 거예요?
B: 영화를 보고 노래방에 갈 거예요.

ex A: 숙제를 언제 해요?
B: 보통 점심을 먹고 숙제해요.

ex A: 어제 몇 시에 잤어요?
B: 한국어 CD를 듣고 11시쯤 잤어요.

ex A: 언제 청소를 할까요?
B: 설거지를 하고 청소를 합시다.

Focus Plus

- In order to better clarify the order of actions, adverbs such as 먼저 or 그다음에 are often used.

ex 저는 청소하고 텔레비전을 봅니다.
(= 저는 먼저 청소하고 텔레비전을 봅니다)
(= 저는 청소하고 그다음에 텔레비전을 봅니다)
(= 저는 먼저 청소하고 그다음에 텔레비전을 봅니다)

Answers

① A: 요코 씨는 신발을 신을 때 오른쪽을 먼저 신어요, 아니면 왼쪽을 먼저 신어요?
B: 저는 먼저 오른쪽을 신고 왼쪽을 신어요. 수진 씨는요?
A: 저는 왼쪽을 신고 오른쪽을 신어요.

② A: 요코 씨는 세수할 때 세수를 먼저 해요, 아니면 이를 먼저 닦아요?
B: 저는 먼저 세수하고 이를 닦아요. 수진 씨는요?
A: 저는 이를 닦고 세수해요.

③ A: 요코 씨는 샤워할 때 머리를 먼저 감아요, 아니면 몸을 먼저 씻어요?
B: 저는 먼저 머리를 감고 몸을 씻어요. 수진 씨는요?
A: 저는 몸을 씻고 머리를 감아요.

④ A: 요코 씨는 여행갈 때 계획을 먼저 세워요, 아니면 비행기 표를 먼저 사요?
B: 저는 먼저 계획을 세우고 비행기 표를 사요. 수진 씨는요?
A: 저는 비행기 표를 사고 계획을 세워요.

⑤ A: 요코 씨는 식사할 때 밥을 먼저 먹어요, 아니면 물을 먼저 마셔요?
B: 저는 먼저 밥을 먹고 물을 마셔요. 수진 씨는요?
A: 저는 물을 마시고 밥을 먹어요.

⑥ A: 요코 씨는 집안일을 할 때 청소를 먼저 해요, 아니면 설거지를 먼저 해요?
B: 저는 먼저 청소를 하고 설거지를 해요. 수진 씨는요?
A: 저는 설거지를 하고 청소를 해요.

Vocabulary & Expression

좋아요. 그날 별일 없어요

좋아요. 그날 별일 없어요 means ***great. (I've) got nothing important on that day.*** When you are offered a suggestion regarding the time of an appointment, you are saying yes by using 좋아요. 그날 별일 없어요. 그날 별일 없어요 indicates agreement with the other person's suggestion by stating that you have nothing important on that day.

ex A: 다음 주 수요일에 시간 있어요? 우리 같이 영화 보러 갈까요?
B: 좋아요. 그날 별일 없어요. 같이 영화 보러 가요.

ex A: 이번 토요일에 시간 어때요? 같이 테니스 치러 가요.
B: 이번 토요일요? 좋아요. 그날 별일 없어요.

Functional Expression

- **Asking to reschedule an appointment**

If you want to change the time or place of an appointment, you can suggest politely by using the expressions, such as 다른 날로 할 수 있어요?, 시간을/날짜를 바꿀 수 있을까요?, 시간을/날짜를 바꾸고 싶은데요, or 시간을/날짜를 변경할 수 있어요?.

ex A: 혹시 약속을 다른 날로 할 수 있어요? /
죄송하지만 약속 날짜를 바꿀 수 있을까요? /
미안하지만 약속 시간을 좀 바꾸고 싶은데요. /
죄송하지만 약속 시간을 다른 날로 변경할 수 있어요?
B: 네, 괜찮아요.

Dialogue

Soojin	Sally, is it this Saturday that we promised to play tennis?
Sally	Yes, it is.
Soojin	I am sorry, but can we change it to next week?
Sally	Why? Has something come up?
Soojin	Well, actually, the day is my mother's birthday and our family is going to have dinner together. I am really sorry.
Sally	It's alright. Then let's change our date.
Soojin	Then, how about next Saturday?
Sally	Great. I've got nothing important.
Soojin	Then I'll see you on Saturday morning. Let's have lunch together first and then let's play tennis. I'll buy you lunch.
Sally	Alright, great.

Grammar Focus

-기 전에 is attached to a verb to indicate the order of actions. It means 'before a certain action'. -기 전에 maintains the same form whether the verb stem ends in a consonant or a vowel.

Basic form	-기 전에	Basic form	-기 전에
가다	가기 전에	운동하다	운동하기 전에
배우다	배우기 전에	듣다	듣기 전에
먹다	먹기 전에	만들다	만들기 전에
읽다	읽기 전에	돕다	돕기 전에

ex A: 자기 전에 뭐 해요?
B: 저는 보통 책을 읽어요.

ex A: 숙제는 언제 했어요?
B: 이 책을 읽기 전에 했어요.

ex A: 내일 언제 만날까요?
B: 수업 시작하기 전에 잠깐 봐요.

ex A: 한국에 오기 전에 어디에 살았어요?
B: 중국에 잠깐 있었어요.

ex A: 수진 씨는 보통 아침을 먹기 전에 뭐 해요?
B: 저는 보통 운동을 해요.

ex A: 여행을 하기 전에 뭘 준비할 거예요?
B: 우선 여행안내 책을 살 거예요.

Focus Plus

- V고 and V(으)ㄴ 후에 have the opposite meaning of V기 전에. (See 『이화 한국어 1-2』 Chapter 9, p.42)

  ex 점심을 먹기 전에 숙제를 했어요.
  (= 숙제하고 점심을 먹었어요)
  (= 숙제를 한 후에 점심을 먹었어요)

  ex 샤워를 하기 전에 운동했어요.
  (= 운동하고 샤워를 했어요)
  (= 운동한 후에 샤워를 했어요)

- 전에 can be attached to nouns such as 수업, 식사, 모임, 결혼, etc. as in N 전에.

  ex A: 식사하셨어요?
  B: 네, 수업 전에 먹었어요.

Answers

① A: 언제 숙제를 했어요?
B: 모임에 가기 전에 했어요.

② A: 언제 점심을 먹었어요?
B: 수영하러 가기 전에 먹었어요.

③ A: 언제 방 청소를 했어요?
B: 저녁 식사를 준비하기 전에 했어요.

④ A: 언제 태권도를 배웠어요?
B: 대학교에 입학하기 전에 배웠어요.

⑤ A: 언제 머리를 잘랐어요?
B: 사진을 찍기 전에 잘랐어요.

⑥ A: 언제 슈퍼마켓에서 과일을 샀어요?
B: 산책하기 전에 샀어요.

p.121

Grammar Focus

-아/어야 하다 is attached to a verb to indicate that the subject has to conduct a certain duty, or that certain things have to be done without fail. If the last vowel of the verb stem is ㅏ or ㅗ, -아야 하다 is used, while -어야 하다 is used with all the other vowels. In case of 하다, the form would be 해야 하다.

Basic form	-아/어야 하다	Basic form	-아/어야 하다
가다	가야 하다	운동하다	운동해야 하다
배우다	배워야 하다	듣다	들어야 하다
먹다	먹어야 하다	만들다	만들어야 하다
읽다	읽어야 하다	돕다	도와야 하다

ex A: 저는 운동선수가 되고 싶어요.
B: 그럼 운동을 더 열심히 해야 해요.

ex A: 감기에 걸렸어요. 어떻게 해야 해요?
B: 약을 먹어야 해요. 그리고 집에서 푹 쉬어야 해요.

ex A: 언제까지 숙제를 해야 해요?
B: 이번 주말까지 해야 해요.

ex A: 오늘 왜 이렇게 일찍 자요?
B: 내일 아침 일찍 수업이 있어요. 그래서 일찍 자야 해요.

ex A: 오늘 집에 친구들이 와요?
B: 네. 그래서 맛있는 식사를 준비해야 해요.

ex A: 사진관에 왜 가요?
B: 학생증을 만들어야 해요. 그래서 사진을 찍으러 가요.

Focus Plus

- V아/어야 하다 can be replaced with V아/어야 되다.

ex 내일까지 이 일을 다 끝내야 해요.
(= 끝내야 돼요)

ex A: 오늘 같이 영화 보러 가요.
B: 미안해요. 오늘 시간이 안 돼요. 어머니의 집안일을 도와야 해요.
(= 도와야 돼요)

Answers

① A: 저는 한국 대학교에 입학하고 싶어요. 어떻게 해야 돼요?
B: 한국어 공부를 열심히 해야 돼요. 그리고 입학시험에도 합격해야 돼요.

② A: 저는 살을 3kg 빼고 싶어요. 어떻게 해야 돼요?
B: 매일 운동해야 돼요. 그리고 8시 후에 먹지 않아야 돼요.

③ A: 저는 중국에 여행 가고 싶어요. 어떻게 해야 돼요?
B: 비자를 받아야 돼요. 그리고 숙소를 미리 예약해야 돼요.

④ A: 저는 도서관에서 책을 빌리고 싶어요. 어떻게 해야 돼요?
B: 학생증을 가져가야 돼요. 그리고 6시 전에 도서관에 가야 돼요.

Vocabulary & Expression

비자 때문에

비자 때문에 means ***because of (my) visa.*** N 때문에 refers to a reason. When you want to indicate a reason, you can put 때문에 behind a noun. (See 『이화 한국어 2-1』 Chapter 3, p.57)

ex A: 마이클 씨, 어제 잠을 못 잤어요?
B: 네, 시험 때문에 잠을 잘 못 잤어요.

Functional Expression

- **Refusing someone's request**

When you refuse another person's offer, you should first say 미안해요 or 죄송합니다 to show you are sorry and then refuse by saying 좀 힘들어요, 안 돼요, 좀 어렵습니다, etc. You might need to add specific reasons for the refusal afterwards.

ex A: 마이클 씨, 수업 후에 제 숙제 좀 도와줄 수 있어요?
B: 미안해요. 오늘은 좀 힘들어요. 병원에 가요. /
미안해요. 오늘은 안 돼요. 병원에 가야 돼요. /
죄송합니다. 오늘은 좀 어렵습니다. 병원에 가야 합니다.

- **Asking someone to spare a moment**

When asking someone to spare a few moments, you can say 시간 좀 내 주세요, 시간 좀 내 주면 안 돼요?, 시간 좀 내 줄 수 있어요?, 시간 좀 내 주실 수 있으세요?, etc.

ex A: 미셸 씨, 시간 좀 내 주세요. /
미셸 씨, 시간 좀 내 주면 안 돼요? /
미셸 씨, 시간 좀 내 줄 수 있어요? /
미셸 씨, 시간 좀 내 주실 수 있으세요?
B: 네, 알겠어요. 그런데 무슨 일이에요?

Dialogue

Wangkai	Frank, do you have time today? I need to go to the embassy because of my visa. Can you come to the embassy with me after class?
Frank	I am sorry, not today. I have to go pick up my younger brother at the airport.
Wangkai	Really? What time are you going to leave school?
Frank	I have to leave at around 5.
Wangkai	Then can you spare me some time before going to the airport?
Frank	Yes, I can before going to the airport. What time should we meet?
Wangkai	Let's meet at 2. Thank you, Frank.
Frank	Then I'll see you later.

PART3 들어 봅시다　약속을 확인하는 대화 듣기

p.124

Vocabulary & Expression

누구누구

누구누구 means ***how many and who***. You can use the term 누구누구, when you want to mention an unclear or unspecified group of people.

ex A: 요코 씨, 내일 파티에 누구누구 와요?
B: 선생님과 반 친구들이 올 거예요.

Functional Expression

- **Stating the purpose of your call**

  When starting a telephone conversation, you can state the purpose of your call by saying V(으)려고요, A/V아/어서요, etc.

ex A: 여보세요.
B: 안녕하세요? 저 요코예요. 뭐 좀 물어보려고요. /
미셸 씨, 안녕하세요? 저 요코예요. 좀 물어볼 게 있어서요.

Script

Lihao	Hello.
Ichiro	Hi, Lihao. This is Ichiro. I wanted to ask you something. Aren't we meeting this Friday? What time are we meeting?
Lihao	7 pm. You can come, can't you?
Ichiro	Yes, but I will be about 30 minutes late. Something important has come up, and I need to see my teacher for a little bit.
Lihao	I see. You know where we're meeting, don't you? It's at "Coffee Sarang" in front of the front gate of school.
Ichiro	Yes, I know. But who else is coming?
Lihao	Michael and Yoko are coming. Natasha cannot come since her parents are visiting from Russia.
Ichiro	Really? I'll call you before I leave school.
Lihao	Sure, I'll see you on Friday then.
Ichiro	Bye.

Answers

(1) ① 오후, 7시　② 학교 정문 앞 '커피사랑'

(2) ③ Ichiro has some important matter to attend to, and has to see his school teacher for a little bit.

(3) ① 네 Yes, Ichiro asked Lihao "What time are we meeting?"
② 네 Yes, Ichiro told Lihao that he was going to call Lihao before he left school.

Vocabulary & Expression

제시간에 도착했습니다

제시간에 도착했습니다 means ***(I) arrived on time.*** There are expressions such as 제날짜 and 제때, which are similar to 제시간. 제날짜 and 제때 means 'on the scheduled date.'

ex 눈이 많이 와서 비행기가 제시간에 도착하지 못했습니다.

ex 바빠서 밥을 제때 먹지 못했습니다.

ex 일이 너무 많아서 제날짜에 숙제를 끝내지 못했습니다.

Functional Expression

- **Asking again when surprised**

When you are surprised to hear something from the other person and would like to make sure, you can use expressions such as N요? N(이)라고요?, N 아니에요?, N이에요/예요? 정말요?, etc. as in 신촌역요? 시청역 아니에요?.

ex A: 마이클 씨, 요코 씨 생일이 오늘이지요?
B: 오늘요? /
오늘이라고요? /
네? 내일 아니에요? /
오늘이에요? 정말요?

Text

Is it Sinchon station? Not City Hall station?

I came to Korea three months ago. So, I am not very good at Korean yet. Last week, I was going to watch a movie with my Korean friend Soojin. The place we were going to meet at was Exit no. 2 of City Hall station.

I arrived at our meeting place on time. But Soojin was not there yet. After 20 minutes past the meeting time, I got a call from Soojin. "Michael, why aren't you here yet?" Soojin said. "I already got here. Where are you?" I asked. Soojin said, "Sinchon station, in front of Exit no. 2." I was so surprised to hear that. I said, "Sinchon station? Not City Hall station?" I then took the subway again and went to Sinchon station.

I sometimes make mistakes because I am not very good at Korean. But life in Korea is fun.

Answers

(1) ① 네 Yes, Michael came to Korea three months ago. 석 달 is 3달.

② 아니요 No, Michael was waiting for 20 minutes at the City Hall station, while Soojin was waiting for Michael in front of the Sinchon station. Michael heard the name of the station incorrectly.

(2) ② Soojin told Michael to meet at the Sinchon station, but Michael misheard it as the City Hall station.

Vocabulary Check

▶ **Tick off the words and expressions that you know.**

운동	Sports
☐ 골프를 치다	to play golf
☐ 농구를 하다	to play basketball
☐ 배구를 하다	to play volleyball
☐ 배드민턴을 치다	to play badminton
☐ 볼링을 하다	to go bowling
☐ 야구를 하다	to play baseball
☐ 에어로빅을 하다	to do aerobics
☐ 요가를 하다	to practice yoga
☐ 조깅을 하다	to go jogging
☐ 체조를 하다	to do gymnastics
☐ 축구를 하다	to play soccer
☐ 탁구를 치다	to play ping pong
☐ 테니스를 하다	to play tennis

악기 연주	Playing Musical Instruments
☐ 기타를 치다	to play the guitar
☐ 드럼을 치다	to play the drums
☐ 바이올린을 켜다	to play the violin
☐ 북을 치다	to play the drum
☐ 색소폰을 불다	to play the saxophone
☐ 오르간을 치다	to play the organ
☐ 첼로를 켜다	to play the cello
☐ 클라리넷을 불다	to play the clarinet
☐ 탬버린을 치다	to play the tambourine
☐ 트럼펫을 불다	to play the trumpet
☐ 플루트를 불다	to play the flute
☐ 피아노를 치다	to play the piano

약속 (2)	Appointments (2)
☐ 급한 일이 생기다	to have an emergency
☐ 마중을 가다	to go to pick someone up
☐ 마중하다	to come to pick someone up
☐ 별일 없다	to not be busy
☐ 선약이 있다	to have another pre-arranged appointment
☐ 시간을 내다	to make time
☐ 약속 시간에 늦다	to be late for an appointment
☐ 약속 시간을 변경하다	to reschedule an appointment
☐ 약속 시간을 정하다	to set the time of an appointment
☐ 약속 장소를 변경하다	to change the place of an appointment
☐ 약속 장소를 정하다	to decide the place of an appointment
☐ 약속을 잊다	to forget an appointment
☐ 약속을 취소하다	to cancel an appointment
☐ 약속을 확인하다	to confirm an appointment
☐ 제시간에 도착하다	to arrive on time

PART1 준비합시다 01 • –는

p.130

Grammar Focus

–는 modifies a noun to talk about a certain event or action that is taking place at the present time. It is generally attached to a verb to modify the following noun. It is used in the form of V는 N.

Basic form	–는	Basic form	–는
가다	가는	공부하다	공부하는
배우다	배우는	운동하다	운동하는
먹다	먹는	듣다	듣는
읽다	읽는	만들다	만드는
찾다	찾는	돕다	돕는

ex A: 이치로 씨, 저기 앞에 가는 사람이 누구예요?
B: 박영민 씨예요.

ex A: 미셸 씨, 지금 읽는 책이 뭐예요?
B: 잡지예요.

ex A: 마이클 씨, 지금 듣는 노래가 뭐예요?
B: 요즘 유행하는 한국 노래예요.

ex A: 나타샤 씨, 지금 뭐 해요?
B: 지금 비빔밥을 만드는 중이에요.

ex A: 티엔 씨, 지금 마시는 차가 뭐예요?
B: 한국 전통 차예요.

ex A: 지금 교실에서 기타를 치는 사람이 누구예요?
B: 왕카이 씨예요.

ex A: 요코 씨, 지금 사는 동네가 어디예요?
B: 신촌이에요.

ex A: 수진 씨는 오늘 모임에 안 와요?
B: 네, 오늘은 안 와요. 지금 집에서 어머니를 돕는 중이에요.

Focus Plus

- –는 can also be used with certain adjectives such as 재미있다, 재미없다, 맛있다, or 맛없다.

ex A: 요코 씨, 요즘 재미있는 영화가 뭐예요?
B: 요즘 '친구'라는 한국 영화가 인기가 많아요.

ex A: 마이클 씨, 맛있어요?
B: 아니요. 이렇게 맛없는 음식은 처음 먹어요.

Answers

① A: 요즘 자주 듣는 음악이 뭐예요?
B: 제가 자주 듣는 것은 팝송이에요.
B: 제가 자주 듣는 것은 대중가요예요.
B: 제가 자주 듣는 것은 클래식이에요.

② A: 요즘 자주 읽은 책이 뭐예요?
B: 제가 자주 읽는 것은 잡지예요.
B: 제가 자주 읽는 것은 소설이에요.
B: 제가 자주 읽는 것은 만화예요.

③ A: 요즘 자주 보는 사람이 누구예요?
B: 제가 자주 보는 사람은 동창이에요.
B: 제가 자주 보는 사람은 학교 선배예요.
B: 제가 자주 보는 사람은 남자 친구예요.

④ A: 요즘 자주 입는 옷이 뭐예요?
B: 제가 자주 입는 것은 청바지예요.
B: 제가 자주 입는 것은 운동복이에요.
B: 제가 자주 입는 것은 정장이에요.

p.131

Grammar Focus

-(으)ㄴ modifies a noun to indicate that an action or event happened in the past, and is used in the form of V(으)ㄴ N. -(으)ㄹ modifies a noun to indicate a future action or event that has notl taken place, and is used in the form of V(으)ㄹ N.

Basic form	-(으)ㄴ	-(으)ㄹ
가다	간	갈
배우다	배운	배울
먹다	먹은	먹을
읽다	읽은	읽을
찾다	찾은	찾을
공부하다	공부한	공부할
듣다	들은	들을
만들다	만든	만들
돕다	도운	도울

ex A: 요코 씨, 어제 공항에 온 사람이 누구예요?
B: 제 동생이에요.

ex A: 수진 씨, 어제 사진을 같이 찍은 사람이 누구예요?
B: 제 친구 마이클이에요.

ex A: 나타샤 씨, 뭘 만들고 있어요?
B: 내일 먹을 음식을 준비하고 있어요.

ex A: 여기는 제가 지난 방학에 여행한 곳이에요.
B: 그래요? 그런데 여기가 어디에요? 정말 멋있어요.

ex A: 이치로 씨도 명동에 가요?
B: 네. 명동에서 만날 사람이 있어요.

ex A: 미셸 씨, 뭐 해요?
B: 다음 학기에 살 집을 인터넷으로 찾고 있어요.

Answers

① A: 지난번에 프로그램을 만든 사람은 누구예요?
B: 요코예요.
A: 다음에 프로그램을 만들 사람은 누구예요?
B: 미셸이에요.

② A: 지난번에 음악을 준비한 사람은 누구예요?
B: 왕카이예요.
A: 다음에 음악을 준비할 사람은 누구예요?
B: 이치로예요.

③ A: 지난번에 사진을 찍은 사람은 누구예요?
B: 티엔과 안드레아예요.
A: 다음에 사진을 찍을 사람은 누구예요?
B: 선생님이세요.

④ A: 지난번에 초대장을 보낸 사람이 누구예요?
B: 선생님이세요.
A: 다음에 초대장을 보낼 사람은 누구예요?
B: 수잔과 리처드예요.

Grammar Focus

-아/어 보다 is used to express that you have once tried or experienced an action. It can only be attached to a verb. If the last vowel of the verb stem is ㅏ or ㅗ, -아 보다 is used, while -어 보다 is used with all the other vowels.

Basic form	-아/어 보다	Basic form	-아/어 보다
가다	가 보다	먹다	먹어 보다
배우다	배워 보다	찾다	찾아 보다
가르치다	가르쳐 보다	듣다	들어 보다
운동하다	운동해 보다	만들다	만들어 보다

ex A: 요코 씨, 서울에서 어디에 가 봤어요?
B: 지난주에 명동에 가 봤어요.
사람이 많았어요.

ex A: 마이클 씨, 우리 이 CD를 좀 들어 봅시다.
B: 네, 좋아요.

ex A: 나타샤 씨, 한복을 입어 봤어요?
B: 아니요, 아직 못 입어 봤어요.

ex A: 미셸 씨, 무슨 음식을 만들어 볼까요?
B: 김치찌개를 만들어 봐요.
별로 어렵지 않아요.

Focus Plus

- When you suggest that someone should try or experience something, you can use V아/어 보세요.

ex A: 요코 씨, 이 치마는 어때요? 정말 예뻐요.
B: 네, 예뻐요. 그런데 길이가 너무 짧아요.
A: 그래요? 그럼 저 치마를 입어 보세요.
저 치마는 짧지 않아요.

ex A: 마이클 씨, 이화 밴드 노래를 들어 봤어요?
B: 아니요, 아직 못 들어 봤어요.
A: 꼭 들어 보세요. 멜로디가 정말 좋아요.

- V아/어 보다 and the verb 보다 are not used together in the same phrase.

ex 저는 그 영화를 봤어요. (○)
저는 그 영화를 봐 봤어요. (×)

Answers

① A: 미셸 씨, 도자기를 만들어 봤어요?
B: 아니요, 아직 못 만들어 봤어요.
A: 그러면 찜질방에 가 봤어요?
B: 네, 가 봤어요. 아주 재미있었어요.

② A: 티엔 씨, 찜질방에 가 봤어요?
B: 아니요, 아직 못 가 봤어요.
A: 그러면 삼계탕을 먹어 봤어요?
B: 네, 먹어 봤어요. 아주 맛있었어요.

③ A: 왕카이 씨, 삼계탕을 먹어 봤어요?
B: 네, 먹어 봤어요. 아주 맛있었어요.
A: 그러면 김치를 담가 봤어요?
B: 아니요. 아직 못 담가 봤어요.

④ A: 나타샤 씨, 김치를 담가 봤어요?
B: 아니요. 아직 못 담가 봤어요.
A: 그러면 한복을 입어 봤어요?
B: 네, 입어 봤어요. 아주 예뻤어요.

 p.134

Vocabulary & Expression

전시회도 열어요?

전시회도 열어요? means ***do (you) hold photo exhibitions as well?*** 열다 is used not only when you open something, as in 창문을 열다, but also when you hold a conference or meeting, as in 전시회를 열다 or 송별회를 열다.

ex A: 사진 동아리는 언제 전시회를 열어요?
B: 이번 주 토요일에 열어요.

ex A: 이치로 씨, 왕카이 씨의 송별회는 언제 열까요?
B: 다음 주 금요일에 합시다.

자주

자주 means ***often***. It can be used to describe actions or situations that are done or take place repeatedly. Depending on how frequent the action or situation happens, you can use 항상, 자주, 가끔, etc.

ex A: 마이클 씨, 학생 식당에 자주 가요?
B: 네, 자주 가요. 일주일에 다섯 번 정도 가요.

ex A: 요코 씨, 한국 음식을 자주 먹어요?
B: 아니요. 가끔 먹어요. 한 달에 한 번 정도 먹어요.

Functional Expression

- **Talking about hobbies**

When talking about hobbies, you can use expressions such as V기 or V는 것. If you like listening to music, you can say that your hobby is 음악 듣기, and if you like watching movies, you can say that your hobby is 영화 보기. You can say 음악을 듣는 것 or 영화를 보는 것 as well.

ex A: 요코 씨는 취미가 뭐예요?
B: 제 취미는 사진 찍기예요. /
저는 사진 찍는 걸 좋아해요. /
제 취미는 사진 찍는 것이에요.

Dialogue

Tien Have you joined any clubs, Yoko?
Yoko No, I haven't yet.
Tien What is your hobby, Yoko?
Yoko I like taking pictures.
Tien Then you should come to the photo club that I already joined.
Yoko What do you do in the photo club?
Tien We learn how to take pictures. We also display the photos we have taken.
Yoko Do you hold photo exhibitions as well? How often do you meet?
Tien We meet once a week. There is a meeting tomorrow. You should come.
Yoko Okay, I'll try going there tomorrow.

 p.136

Grammar Focus

–아/어도 되다 is used to indicate permission or approval before starting something. When –아/어도 되다 is attached to an adjective, it indicates a condition or qualification. If the last vowel of the stem of the adjective or verb is ㅏ or ㅗ, –아도 되다 is used, while –어도 되다 is used with all the other vowels. For verbs ending in –하다, –해도 되다 is used. In the case of N이다, –이어도 되다 is used if the noun ends in a consonant, while –여도 되다 is used if it ends in a vowel.

Basic form	-아/어도 되다	Basic form	-아/어도 되다
크다	커도 되다	운동하다	운동해도 되다
작다	작아도 되다	먹다	먹어도 되다
가다	가도 되다	앉다	앉아도 되다
배우다	배워도 되다	학생이다	학생이어도 되다

ex A: 제 아이가 이 놀이 기구를 타려고 해요. 키가 작아도 돼요?
B: 네, 작아도 돼요.

ex A: 마이클 씨, 여기에서 사진을 찍어도 돼요?
B: 네, 찍어도 돼요.

ex A: 요코 씨, 창문을 좀 열어도 돼요?
B: 네, 여세요.

ex A: 선생님, 이제 집에 가도 돼요?
B: 네, 가도 돼요.

ex A: 실례합니다. 여기에 잠깐 앉아도 됩니까?
B: 네, 앉아도 됩니다.

ex A: 외국인 유학생도 이 동아리에서 활동할 수 있습니까?
B: 네, 외국인이어도 됩니다.

Focus Plus

- –아/어도 되다 can also be replaced with V아/어도 괜찮다 or V아/어도 좋다 with a similar meaning.

ex A: 이 옷을 한번 입어 봐도 괜찮아요?
B: 물론이에요. 입어 보세요.

ex A: 나타샤 씨, 여기에서 사진 찍어도 괜찮아요?
B: 네. 여기서 찍어도 좋아요.

ex A: 선생님, 숙제를 안 가져왔어요. 내일 내도 될까요?
B: 네. 내일 내도 좋아요.

Answers

① A: 주차해도 돼요?
B: 네, 주차하세요.

② A: 신발을 신어 봐도 돼요?
B: 네, 신어 보세요.

③ A: 빈자리에 앉아도 돼요?
B: 네, 앉으세요.

④ A: 휴대 전화를 사용해도 돼요?
B: 네, 사용하세요.

Grammar Focus

-(으)면 안 되다 is attached to an adjective or a verb to indicate prohibiting or restricting a certain action or state. If the stem of the adjective or verb ends in a consonant -으면 안 되다 is used, while -면 안 되다 is used if it ends in the consonant ㄹ or a vowel.

Basic form	-(으)면 안 되다	Basic form	-(으)면 안 되다
크다	크면 안 되다	마시다	마시면 안 되다
작다	작으면 안 되다	먹다	먹으면 안 되다
가다	가면 안 되다	듣다	들으면 안 되다
배우다	배우면 안 되다	만들다	만들면 안 되다
운동하다	운동하면 안 되다	돕다	도우면 안 되다

ex A: 미셸 씨, 남자 친구의 키가 작아도 돼요?
B: 제 남자 친구는 키가 작으면 안 돼요.
저는 키 큰 남자가 좋아요.

ex A: 왕카이 씨, 내일이 시험이에요.
지금 자면 안 돼요.
B: 알아요. 그런데 너무 피곤해요.

ex A: 선생님, 시험 중에 전자사전을 봐도 돼요?
B: 아니요. 시험 중에 전자사전을 보면 안 돼요.

ex A: 박물관에서 사진을 찍어도 돼요?
B: 아니요. 사진을 찍으면 안 됩니다.

Focus Plus

- In order to emphasize the meaning of prohibition, you can use V아/어서는 안 되다. It is mainly used to convey the message aggressively or to give a strict warning.

ex A: 학생, 도서관에서 전화해서는 안 됩니다.
B: 네, 죄송합니다.

- V지 않으면 안 되다 is used to represent strong affirmation. It has the same meaning as V 아/어야 하다. It indicates a situation where one necessarily has to do a certain action, or something has to be done.

ex A: 요코 씨, 이번 주말에 같이 영화를 볼까요?
B: 미안해요. 이번 주말에 한국어능력시험(TOPIK)이 있어요.
지난번 시험도 안 봤어요. 그래서 이번 시험을 보지 않으면 안 돼요. (= 꼭 봐야 해요)

Answers

① A: 교실에서 김밥을 먹어도 돼요?
B: 아니요, 교실에서는 김밥을 먹으면 안 돼요.

② A: 기숙사에서 애완동물을 키워도 돼요?
B: 아니요, 기숙사에서는 애완동물을 키우면 안 돼요.

③ A: 미술관에서 그림을 만져도 돼요?
B: 아니요, 미술관에서는 그림을 만지면 안 돼요.

④ A: 영화관에서 큰 소리로 말해도 돼요?
B: 아니요, 영화관에서는 큰 소리로 말하면 안 돼요.

⑤ A: 도서관에서 휴대 전화를 사용해도 돼요?
B: 아니요, 도서관에서는 휴대 전화를 사용하면 안 돼요.

p.138

Vocabulary & Expression

취사 금지

취사 금지 means ***cooking or making food not allowed.*** You can generally use the form of N 금지. You can see examples of these expressions in 출입 금지 or 촬영 금지 usually found on warning signs.

ex A: 박물관에서 사진을 찍으면 안 됩니다. 박물관은 촬영 금지입니다.
B: 네, 알겠습니다. 사진을 찍지 않을게요.

ex A: 기숙사에서는 취사 금지예요.
B: 죄송합니다. 몰랐습니다.

Functional Expression

- **Asking about matters to watch out for**

When asking about things one should pay extra attention to, you can say 무엇을 주의해야 해요?, 주의해야 할 게 뭐예요?, 무엇을 조심해야 합니까?, 어떤 걸 주의해야 합니까?, 조심해야 할 것은 무엇입니까?, etc.

ex A: 미술관에서 무엇을 주의해야 해요? /
미술관에서 주의해야 할 게 뭐예요? /
미술관에서는 무엇을 조심해야 합니까? /
미술관에서는 어떤 걸 주의해야 합니까? /
미술관에서 조심해야 할 것은 무엇입니까?
B: 그림을 만지면 안 돼요. 그리고 사진도 찍으면 안 돼요.

Dialogue

Wangkai	You all know our hiking club is going to Bukhansan this Saturday, right? Everyone should come to the front gate of the school by 9 o'clock.
Richard	But what do we need to prepare?
Wangkai	Be sure to put on your hiking boots and a hat. You need to bring lunch as well.
Richard	Can we cook rice on the mountain?
Wangkai	No, you are not supposed to use fire on the mountain. No cooking is allowed. Make sure you bring a boxed lunch.
Richard	What else do we need to be careful about?
Wangkai	No littering is allowed on the mountain and smoking is prohibited as well.
Richard	I got it.

Vocabulary & Expression

특히

특히 means ***particulary, especially***. 특히 can be used to talk about things you are particularly interested in, or things that you really like. It emphasizes the meaning of a verb or adjective.

ex A: 마이클 씨는 한국 음식을 좋아해요?
B: 네, 좋아해요. 특히 불고기를 좋아해요.

Functional Expression

- **Giving an answer about when you are available**

When you are asked to make time for something, you can usually give an answer by specifically telling the person what time you are available. (See 『이화 한국어 1-2』 Chapter 14, p.122) However, if you would rather mention unspecified time, you can say 언제나 좋아요, 언제든지 가능해요, 언제든지 괜찮아요, etc. (See 『이화 한국어 3-1』 Chapter 4, p.79)

ex A: 나타샤 씨, 명동에 언제 갈까요?
B: 언제나 좋아요. / 언제든지 가능해요. / 저는 언제든지 괜찮아요.

Script

Michael	Lihao, what do you usually do when you have free time?
Lihao	I play sports. My favorite sports are swimming and basketball. So on the weekends, I mostly play sports games with my friends. What is your hobby, Michael?
Michael	I like to travel to the mountains or the ocean on the weekend. Also, since I like to draw, whenever I go to places with a nice view, I always draw stuff.
Lihao	Traveling and drawing are good hobbies too. Since when did you start drawing?
Michael	Since high school. I learned from my school teacher.
Lihao	I am quite interested in drawing too. I'd love to learn.
Michael	I can teach you, Lihao.
Lihao	Really? Michael, can we start from next week then?
Michael	Sure. Tell me what time would be convenient for you, Lihao. I am always available in the afternoon.

Answers

(1) ① Lihao's favorite sports are swimming and basketball.

(2) ① Michae learned to draw from his high school teacher.

(3) ① 네 Michael is going to teach to Lihao to draw starting from next week.

② 아니요 Michael learned from his high school teacher.

PART3 읽고 써 봅시다 동호회를 소개하는 글 읽고 쓰기

p.141

Vocabulary & Expression

한 달에 한 번씩

한 달에 한 번씩 means ***once a month***. –씩 is attached to words representing amount or quantity such as 하나씩 or 조금씩 and is used to divide an entity by a certain quantity or size. With 에, which indicates time, you can form a N에 N씩 structure, where N에 N씩 indicates the basic unit of action that is being conducted.

ex 마이클 씨는 하루에 두 번씩 샤워합니다.

ex 수진 씨는 어제 옷과 가방을 하나씩 샀습니다.

Functional Expression

- **Talking about a field of study**

When you want to talk about a field of study, you can say N을/를 공부해요. N에 관한 공부를 해요. N에 대한 공부를 하고 있어요. N에 대해서 공부하고 있어요. etc. (See「이화 한국어 2-1」 Chapter 1. p.26)

ex A: 요즘 마이클 씨는 무슨 공부를 해요?
B: 저는 한국 문화를 공부해요. /
요즘 한국 문화에 관한 공부를 해요. /
한국 문화에 대한 공부를 하고 있어요. /
요즘 한국 문화에 대해서 공부하고 있어요. /
제가 요즘 하는 공부는 한국 문화에 관한 거예요.

Text

Club "Saram Sarang"

I have been participating in a volunteer service club since last year. The name of my club is "Saram Sarang." We meet once every month, on a Saturday. We go to places where there are children without parents or senior citizens who live alone. We play with them, help with house chores and help them bathe as well.

At first, I joined this club because I wanted to help people in need. But now it is different. The children and senior citizens all taught me important things. Those things are the meaning of life. So now I really cherish this club. I will continue to participate in club activities in the future. I'd like to study about volunteer work as well.

Answers

(1) ① This person has been participating in a volunteer service club since last year.

(2) ① 네 This person learned a lot about the meaning of life in this club, so the club is very special.

② 아니요 This person is going to study about volunteer work.

Vocabulary Check

▶ **Tick off the words and expressions that you know.**

취미	Hobby
☐ (컴퓨터) 게임하는 것 / (컴퓨터) 게임하기	playing a computer games
☐ 그림 그리는 것 / 그림 그리기	drawing, painting
☐ 낚시하는 것 / 낚시하기	fishing
☐ 등산하는 것 / 등산하기	hiking, mountaineering
☐ 바둑 두는 것 / 바둑 두기	playing go
☐ 사진 찍는 것 / 사진 찍기	photography, taking pictures
☐ 수영하는 것 / 수영하기	swimming
☐ 여행하는 것 / 여행하기	traveling
☐ 연극 보는 것 / 연극 보기	watching theatrical plays
☐ 영화 보는 것 / 영화 보기	watching movies
☐ 우표 모으는 것 / 우표 모으기	collecting stamps
☐ 음악 듣는 것 / 음악 듣기	listening to music
☐ 책 읽는 것 / 책 읽기	reading books
☐ 춤추는 것 / 춤추기	dancing
☐ 피아노 치는 것 / 피아노 치기	playing the piano

동아리	Clubs
☐ 댄스 동호회	dance club
☐ 동호회를 그만두다	to quit the club
☐ 동호회에 들어오다	to join the club
☐ 등산 동호회	hiking club
☐ 사진 동호회	photo club
☐ 영화 동호회	film society
☐ 음악 동호회	music-lovers' society
☐ 자원봉사 동호회	volunteer club
☐ 축구 동호회	football club, soccer club

봉사 활동	Voluntary Service
☐ 도와주다	to help
☐ 도우미	guide, helper
☐ 도움을 주다	to help
☐ 목욕을 시키다	to bathe
☐ 봉사하다	to serve
☐ 어려운 사람	underprivileged people
☐ 자원봉사	volunteer work
☐ 전시하다	to exhibit
☐ 전시회를 열다	to hold an exhibition

문화 체험	Cultural Experience
☐ 김치를 담그다	to make kimchi
☐ 도자기를 만들다	to make porcelain
☐ 민속촌에 가다	to go to (the) Folk Village
☐ 전통 놀이를 하다	to play traditional games
☐ 한복을 입다	to wear hanbok (traditional Korean clothing)
☐ 한옥 마을에 가다	to go to the Hanok (traditional Korean house) Village

Glossary

Ⓣ Textbook Ⓢ Study Guide

가격 price Ⓣ 21, 22, 23, 30, 31, 147 Ⓢ 11, 12, 19

가끔 at times Ⓣ 125 Ⓢ 15, 83

가라앉다 to sink Ⓣ 33

가르쳐 주다 to teach Ⓣ 75, 86, 87, 110, 125, 141, 149 Ⓢ 13, 41, 46, 64, 82

가습기 humidifier Ⓢ 19

가요 popular song Ⓣ 67

가을 autumn Ⓣ 83, 84 Ⓢ 51, 59

가입하다 to join Ⓣ 134, 135, 141

가전제품 home appliances Ⓢ 19

가져가다 to take Ⓣ 33, 121 Ⓢ 55, 56, 75

가져오다 to bring Ⓣ 93, 138, 139 Ⓢ 84

갈비탕 galbitang (rib soup) Ⓣ 58, 59 Ⓢ 36, 39

감기에 걸리다 to catch a cold Ⓣ 56, 116 Ⓢ 34, 71, 75

값 cost, price, value Ⓣ 21, 22 Ⓢ 19

강릉 Gangneung Ⓣ 84 Ⓢ 51

개 unit for counting things Ⓣ 20, 22, 23, 31 Ⓢ 10, 12

개강식 opening ceremony of the semester Ⓢ 66

거의 nearly Ⓣ 54, 55

걱정되다 to be worried Ⓣ 89 Ⓢ 55

건너다 to cross Ⓣ 49, 69, 74, 75

걷다 to walk Ⓣ 67, 68, 77 Ⓢ 40, 41, 42, 44, 49

겨울 winter Ⓣ 83, 84, 93 Ⓢ 35, 51, 59

결혼식 wedding ceremony Ⓣ 106, 107 Ⓢ 66

경복궁 Gyeongbokgung (Palace) Ⓣ 68, 71, 77, 147 Ⓢ 21, 42, 48

경영학 business administration Ⓢ 29

경제학 economics Ⓢ 29

경치 scenery Ⓣ 149 Ⓢ 15, 70

(컴퓨터) 게임하는 것/(컴퓨터) 게임하기 playing computer games Ⓢ 89

계산하다 to calculate, to pay Ⓢ 19

계속 continuously Ⓣ 33, 61, 63 Ⓢ 21, 38

계절 seasons Ⓣ 83, 84, 94, 95 Ⓢ 59

계절별 의상 seasonal clothing Ⓢ 59

계절별 활동 seasonal activities Ⓢ 59

계획을 세우다 to make a plan Ⓣ 48, 86, 87, 109, 117 Ⓢ 68, 72

고개 hill Ⓣ 49, 79

고기 meat Ⓣ 25 Ⓢ 14

고속도로 expressway Ⓢ 49

고속버스 express bus Ⓢ 49

고속버스 터미널 express bus terminal Ⓢ 49

골동품 antique Ⓣ 31 Ⓢ 18

골프를 치다 to play golf Ⓣ 115, 116 Ⓢ 71, 79

곳 place Ⓣ 31, 43, 68, 77, 78, 93, 103, 111, 125, 126, 130, 131, 141, 147, 149 Ⓢ 15, 64, 81

공 ball Ⓣ 24 Ⓢ 13

공연 concert Ⓣ 104 Ⓢ 65

공원을 산책하다 to walk in the park Ⓣ 37 Ⓢ 29

공짜 free, for nothing Ⓢ 19

공항 airport Ⓣ 43, 66, 68, 69, 93, 122, 123 Ⓢ 25, 40, 49, 58, 60, 81

공항버스 airport bus Ⓣ 68 Ⓢ 49

곶감 sweet dried persimmon Ⓣ 63

과일 fruits Ⓣ 22, 24, 120 Ⓢ 18, 22, 51, 74

과일 가게 fruit shop Ⓣ 22, 24

관광 코스 tourist route Ⓣ 77

관심 interest Ⓣ 47, 149 Ⓢ 28

관심이 많다 to be very interested in Ⓣ 47, 149 Ⓢ 28

괜찮다 to be all right, to be good Ⓣ 54, 55, 118, 119, 122, 123, 136, 149 Ⓢ 33, 70, 73, 84, 87

교통비를 내다 to pay for transportation Ⓢ 49

교통수단 means of transportation Ⓣ 66, 69, 70 Ⓢ 49

교통 카드를 사다 to buy a transportation card Ⓢ 49
구름 cloud Ⓣ 143 Ⓢ 59
구름이 끼다 to be cloudy Ⓢ 59
국내 여행 domestic travel Ⓣ 85 Ⓢ 52
궁궐 palace Ⓣ 77
궁금하다 to be curious Ⓣ 93
권 volume Ⓣ 20 Ⓢ 10
귀걸이 earrings Ⓢ 19
귀엽다 to be cute Ⓢ 50, 54
그다음 then Ⓣ 61, 117 Ⓢ 72
그러면 then Ⓣ 42, 44, 45, 74, 75, 77, 101, 110, 118, 119, 132, 134, 135, 146, 148 Ⓢ 24, 45, 46, 82
그런데 but Ⓣ 41, 54, 57, 59, 61, 62, 63, 71, 87, 91, 107, 125, 138, 139, 141 Ⓢ 44, 52, 56, 81, 82, 85
그림 그리는 것/그림 그리기 drawing Ⓣ 140, 149 Ⓢ 89
그만두다 to quit Ⓣ 140 Ⓢ 89
극장 theater Ⓣ 104 Ⓢ 65
금액 cost Ⓣ 76
금연석 non-smoking seat Ⓣ 103, 108, 148 Ⓢ 64, 67
급한 일이 생기다 to have an emergency Ⓢ 79
기념품 souvenir Ⓣ 31
기분 feelings, mood Ⓣ 89 Ⓢ 55
기분이 나쁘다 to be in a bad mood Ⓣ 89 Ⓢ 55
기뻐하다 to be happy/delighted Ⓣ 109
기쁘다 to be happy Ⓣ 89 Ⓢ 55
기억하다 to remember Ⓣ 124
기온 temperature Ⓣ 82, 91, 92, 148 Ⓢ 50, 56, 57, 59
기온이 낮다 the temperature is low Ⓣ 93 Ⓢ 56, 59
기온이 높다 the temperature is high Ⓢ 56, 59
기차 train Ⓣ 69, 76 Ⓢ 42, 47, 49, 57
(기차)표를 예매하다 to book (a train) ticket Ⓣ 76 Ⓢ 47, 49
기차역 train station Ⓣ 69, 76 Ⓢ 49
기타를 치다 to play the guitar Ⓣ 115 Ⓢ 79, 80
긴 바지 long pants Ⓣ 91 Ⓢ 54, 59
긴팔 티셔츠 long-sleeve T-shirt Ⓢ 59
길을 건너다 to cross the street Ⓣ 69 Ⓢ 49
길을 걷다 to walk the street Ⓣ 77 Ⓢ 49
길을 알다 to know the way Ⓣ 121
길이 막히다 streets are jammed Ⓣ 70, 71, 78 Ⓢ 49
김밥 gimbap Ⓣ 61, 84, 137 Ⓢ 38, 39, 51, 85
김치를 담그다 to make kimchi Ⓣ 132 Ⓢ 82, 89
김치찌개 kimchi stew Ⓣ 57~59, 84, 104 Ⓢ 35, 38, 39, 70, 82
까치 magpie Ⓣ 49
깎다 to cut down, to cut, to reduce Ⓢ 19
깎아 주다 to discount Ⓣ 22, 23 Ⓢ 12, 61
깜짝 놀라다 to be surprised Ⓣ 109, 125
깨끗하다 to be clean Ⓣ 55, 88, 93 Ⓢ 33, 50, 54
꼬리를 물다 to follow one after another Ⓣ 143
꽃구경을 하다 to go to look at flowers Ⓣ 84 Ⓢ 53, 59
꽃다발 bunch of flowers Ⓣ 27, 109 Ⓢ 13, 19, 64
꽃바구니 flower basket Ⓣ 27 Ⓢ 19
끊임없이 endlessly Ⓣ 143

나오다 to come out Ⓣ 33, 74 Ⓢ 46
나중에 later Ⓣ 103 Ⓢ 64
낚시하는 것/낚시하기 fishing Ⓢ 89
날다 to fly Ⓣ 49
날씨 weather Ⓣ 57, 82, 83, 85~87, 90~95, 102, 148 Ⓢ 35, 37, 50~57, 59, 60, 63, 65
남산 (Mt.) Namsan Ⓣ 37 Ⓢ 21, 70
남자 man Ⓣ 25 Ⓢ 14, 85
남자 친구 boy friend Ⓣ 85, 130 Ⓢ 52, 80, 85

동호회 club Ⓣ 138, 139, 141 Ⓢ 88, 89

동호회를 그만두다 to quit the club Ⓢ 89

동호회에 가입하다 to join the club Ⓢ 89

동호회에 들어오다 to join the club Ⓢ 89

된장찌개 soybean paste stew Ⓣ 52, 59 Ⓢ 31, 36, 39

두꺼운 옷 heavy clothing Ⓢ 59

드라마 drama Ⓣ 26, 130 Ⓢ 15

드럼을 치다 to play the drums Ⓣ 115 Ⓢ 79

드림 Yours sincerely Ⓣ 93 Ⓢ 58

드시다 to eat (honorific form) Ⓣ 136 Ⓢ 33, 36, 45

들다 to carry Ⓢ 61

들어오다 to enter Ⓣ 62, 103, 135, 136 Ⓢ 64

등산 hiking Ⓣ 37, 85, 89, 116, 133, 138, 139, 140, 142 Ⓢ 41, 44, 89

등산을 가다 to go hiking Ⓣ 85, 89 Ⓢ 43, 55, 56

등산하는 것/등산하는 것 hiking, mountaineering Ⓣ 133, 142 Ⓢ 89

등산화 hiking shoes Ⓣ 138, 139

디지털카메라 digital camera Ⓣ 29

따뜻하다 to be warm Ⓣ 82, 83 Ⓢ 59

때문에 because of Ⓣ 78, 123, 142 Ⓢ 76

떠들다 to make a noise Ⓣ 103 Ⓢ 64

떡 rice cake Ⓣ 59 Ⓢ 39

떡국 rice-cake soup Ⓣ 59 Ⓢ 39

떡볶이 spicy rice cake Ⓣ 61 Ⓢ 39, 51

또 again Ⓣ 30, 54~56, 77, 90, 91, 93, 103, 138, 139 Ⓢ 17, 34

똑똑하다 to be smart Ⓣ 88 Ⓢ 54

뜨겁다 to be hot Ⓣ 90, 91

라면 instant noodles Ⓣ 20 Ⓢ 10, 39

런던 London Ⓣ 82

로스앤젤레스(LA) Los Angeles Ⓣ 82 Ⓢ 50

롯데월드 Lotte World Ⓣ 68 Ⓢ 42

마르다 to dry Ⓣ 111

마리 unite for counting animals Ⓣ 20, 143 Ⓢ 10

마을 village Ⓣ 49 Ⓢ 89

마음 heart Ⓣ 79, 88, 89 Ⓢ 55

마음이 따뜻하다 to be warm-hearted Ⓣ 88

마중 나가다 to go out to meet Ⓣ 93 Ⓢ 58

마중을 가다 to go to pick someone up Ⓢ 79

마중하다 to come to pick someone up Ⓣ 43, 122 Ⓢ 25, 58, 79

마치다 to finish Ⓣ 47 Ⓢ 68

만년필 fountain pen Ⓣ 27, 36 Ⓢ 19, 20

만두 dumpling Ⓣ 62 Ⓢ 39

만지다 to touch Ⓣ 137 Ⓢ 85, 86

만화 comics Ⓣ 130 Ⓢ 80

말대로 as requested Ⓣ 95

맑다 to be clear Ⓣ 82, 83 Ⓢ 50, 52, 54, 59

맛 taste Ⓣ 147 Ⓢ 33, 35, 39

맛집 gourmet restaurants Ⓣ 77 Ⓢ 39, 48

맞다 to be right Ⓣ 118, 119 Ⓢ 26

매우 very Ⓣ 96 Ⓢ 28

매진이다 to be sold out Ⓣ 76, 147

맵다 to be hot/spicy Ⓣ 57~59, 88, 98 Ⓢ 35, 39, 60

맷돌 millstone Ⓣ 33

머리띠 hairband Ⓢ 19

머리를 감다 to wash one's hair Ⓣ 117 Ⓢ 72

머리를 자르다 to have one's hair cut Ⓣ 120 Ⓢ 74

먼저 first Ⓣ 61, 77, 117, 119, 142, 147, 148 Ⓢ 72

메모를 남기다 to leave a note Ⓣ 101 Ⓢ 69

메모를 부탁하다 to ask for a memo Ⓣ 101 Ⓢ 69

방콕 Bangkok Ⓣ 82 Ⓢ 50

배 boat, ship Ⓣ 69 Ⓢ 49

배 pear Ⓣ 22, 23

배구를 하다 to play volleyball Ⓢ 79

배드민턴을 치다 to play badminton Ⓢ 79

버리다 to throw away Ⓣ 73, 138 Ⓢ 45

버스 bus Ⓣ 25, 66, 69, 78 Ⓢ 40, 42, 49, 51

버스를 타다 to catch/to get on the bus Ⓣ 69 Ⓢ 49

버스에서 내리다 to get off the bus Ⓣ 69 Ⓢ 49

버스 정류장 bus stop Ⓣ 69, 75 Ⓢ 49

벌 outfit Ⓣ 20 Ⓢ 10

벌써 already Ⓣ 125

법학 law Ⓢ 29

베이징 Beijing Ⓣ 82 Ⓢ 50

변경하다 to change Ⓣ 118, 119

별로 not really Ⓣ 114 Ⓢ 82

별일 없다 to not be busy Ⓣ 118, 119 Ⓢ 79

병 bottle Ⓣ 20 Ⓢ 10

병실 hospital room Ⓣ 137

보드를 타다 to ride a board Ⓢ 59

볼링을 치다/하다 to go bowling Ⓣ 85

봄 spring Ⓣ 83, 84 Ⓢ 59

봉사 활동 voluntary service Ⓢ 89

봉사하다 to serve Ⓣ 87

부럽다 to be envious Ⓣ 40, 41

부산 Busan Ⓣ 84, 92, 147, 148, 25, 68, 76 Ⓢ 14, 42, 43, 51, 53, 55

부채 fan Ⓣ 31

부채춤 traditional Korean fan dance Ⓣ 39 Ⓢ 28, 29

북을 치다 to play the drum Ⓢ 79

북한산 (Mt.) Bukhansan Ⓣ 138, 139

분식 snack Ⓢ 39

분식집 snack bar Ⓢ 39

브로치 brooch Ⓢ 19

비가 그치다 rain stops Ⓣ 83 Ⓢ 59

비가 오다 it rains Ⓣ 82, 83, 85, 92, 94, 95, 148 Ⓢ 59

비빔밥 bibimbap (rice mixed with vegetables and red pepper paste) Ⓣ 31, 58, 59, 84 Ⓢ 21, 31, 35, 36, 39, 80

비슷하다 to be similar Ⓣ 148 Ⓢ 57

비자 visa Ⓣ 121, 123 Ⓢ 75, 76, 7

비행기 airplane Ⓣ 66, 68, 69, 85, 93, 117 Ⓢ 40, 42, 47, 49, 52, 72, 78

빈자리 empty seat Ⓣ 136 Ⓢ 84

빛 light, ray Ⓣ 143

빵 bread Ⓣ 20 Ⓢ 31, 51

사거리 intersection, junction Ⓣ 73~75 Ⓢ 46

(친구를) 사귀다 to make friends Ⓣ 47 Ⓢ 32

사랑 love Ⓣ 127

사물놀이 traditional percussion quartet Ⓣ 39 Ⓢ 29

사실 actually Ⓣ 119, 152

사업 business Ⓣ 85 Ⓢ 52

사용하다 to use Ⓣ 136~139 Ⓢ 84, 85

사진 찍기/사진 찍는 것 photography Ⓣ 133~135 Ⓢ 83, 89

사진관 photo studio Ⓣ 43 Ⓢ 25, 75

사진기 camera Ⓣ 21, 99 Ⓢ 19

사회를 보다 to be the emcee Ⓣ 131

살을 빼다 to lose weight Ⓣ 72, 121 Ⓢ 44

삼겹살 pork belly Ⓢ 39

삼계탕 chicken soup with rice and ginseng Ⓣ 57, 94, 132 Ⓢ 35, 36, 39, 82

주스 juice Ⓣ 20 Ⓢ 10, 14, 40

주유소 gas station Ⓣ 74, 75

주의하다 to be careful Ⓣ 138, 139 Ⓢ 86

주인 shopkeeper Ⓣ 22, 23, 24, 30, 146

주인아주머니 landlady Ⓣ 56

주차하다 to park Ⓣ 73, 136 Ⓢ 45, 49, 84

죽다 to die Ⓣ 95

중국집 Chinese restaurant Ⓢ 39

중식 Chinese food Ⓢ 39

중요하다 to be important Ⓣ 116 Ⓢ 71

지나다 to pass Ⓣ 49

지역 region Ⓣ 92

지하도 underpass Ⓣ 69 Ⓢ 49

지하철 subway Ⓣ 66, 69, 70, 71, 77, 78, 103, 125 Ⓢ 40, 42, 49, 51

지하철 노선도 subway linemap Ⓣ 71

지하철역 subway station Ⓣ 73 Ⓢ 35

지하철을 갈아타다 to transfer/change to (another) subway (line) Ⓣ 69 Ⓢ 49

직장 주소 office address Ⓢ 69

직접 directly Ⓣ 44, 45 Ⓢ 26

진해 Jinhae Ⓣ 84

짐을 들다 to carry a load/baggage Ⓣ 99

집 주소 home address Ⓢ 69

집안일 family affair Ⓣ 117, 141 Ⓢ 72, 75

짜다 to be salty Ⓣ 59, 88 Ⓢ 39

짜리 attached to end of a price to indicate the value of an object Ⓣ 22, 23, 32, 146 Ⓢ 12

찜질방 sauna Ⓣ 132 Ⓢ 82

착하다 to be good-natured Ⓣ 88 Ⓢ 54

참 truly, really Ⓣ 148 Ⓢ 26

찻집 teahouse Ⓣ 31 Ⓢ 18

창가 by the window Ⓣ 108, 148 Ⓢ 67

찾다 to look for, to find Ⓣ 38, 40, 67, 99 Ⓢ 17, 22, 23, 41, 45, 52, 55, 61, 64

책 읽는 것/책 읽기 reading books Ⓢ 89

천천히 slowly Ⓣ 111 Ⓢ 45

첫 번째 first Ⓣ 106, 107

청개구리 green frog Ⓣ 95

청바지 jeans Ⓣ 130 Ⓢ 80

청소 cleaning Ⓣ 37, 42, 117, 120 Ⓢ 36, 72, 74

청소기 vacuum cleaner Ⓣ 21 Ⓢ 11, 19

청와대 Cheong Wa Dae (presidential residence) Ⓣ 77, 147 Ⓢ 48

청혼하다 to propose Ⓣ 85 Ⓢ 52

체조를 하다 to do gymnastics Ⓢ 79

첼로를 켜다 to play the cello Ⓣ 114 Ⓢ 70, 79

초대장 invitation Ⓣ 52 Ⓢ 31, 81

초대장을 보내다 to send an invitation Ⓣ 131 Ⓢ 69

초대장을 쓰다 to write an invitation Ⓢ 69

촛불을 켜다 to light the candles Ⓣ 38 Ⓢ 22, 29

최저 기온 lowest temperature Ⓣ 92

축구를 하다 to play soccer Ⓣ 115 Ⓢ 79

축하 congratulation Ⓣ 102 Ⓢ 21

축하 카드를 쓰다 to write in a congratulations card Ⓢ 29, 64

축하하다 to congratulate Ⓣ 93 Ⓢ 64

출구 exit Ⓣ 77, 125

출발하다 to depart Ⓣ 122 Ⓢ 57

춤을 연습하다 to practice dancing Ⓢ 29

춤을 추다 to dance Ⓣ 38

춤추는 것/춤추기 dancing Ⓢ 89

춥다 to be cold Ⓣ 57, 82, 83, 86 Ⓢ 14, 35, 52, 54, 56

About the Authors

장세영 Se Young Jang
이화여자대학교 언어교육원 강사 Instructor of ELC, Ewha Womans University
경희대학교 교육대학원 외국어로서의 한국어교육 전공 석사
M.A. in Korean Language Education as a Foreign Language, Kyung hee University

장채린 Chae Rin Jang
이화여자대학교 언어교육원 강사 Instructor of ELC, Ewha Womans University
연세대학교 국어국문학과 박사과정
ABD. in Korean Linguistics, Yonsei University

서효원 Hyo Won Seo
이화여자대학교 언어교육원 강사 Instructor of ELC, Ewha Womans University
한국외국어대학교 국어국문학과 박사 수료
ABD. in Korean Linguistics, Hankuk University of Foreign Studies